Bernd Wehren

Der Bastel-Führerschein

Mit originellen Gestaltungsvorlagen das Schneiden, Kleben, Reißen und Falten sicher erlernen

1./2. Klasse

Mit einem Klassensatz farbiger Führerscheine

Kopiervorlagen

Hinweis:
Die beiliegenden Führerscheine können Sie
als Klassensatz unter der Bestell-Nr. 169 nachbestellen.

Gedruckt auf umweltbewusst gefertigtem, chlorfrei gebleichtem
und alterungsbeständigem Papier.

2. Auflage 2023
Nach den seit 2006 amtlich gültigen Regelungen der Rechtschreibung.

Illustrationen: Astrid Wilkesmann
Layout/Satz: PrePress-Salumae.com, Kaisheim
Druck: Rausch Druck GmbH, Aindlinger Str. 14, 86167 Augsburg

ISBN 978-3-95660-**168**-2

www.brigg-verlag.de

Inhaltsverzeichnis

IV. Spiele und Bastelvorlagen

V. Der Bastel-Führerschein

Einleitung

In der Schuleingangsphase müssen die Kinder lernen, mit Schere, Klebestift, Arbeitsblättern, Karton und sonstigen Materialien richtig umzugehen. Neben dem Kunstunterricht müssen die Kinder auch im alltäglichen Unterricht oft schneiden, kleben, falten, reißen und malen. Mithilfe des Bastel-Führerscheins schulen die Kinder ihre Feinmotorik und den Umgang mit Schere, Klebestift und Co.

Jedes Kind erhält zu Beginn der Arbeit mit dem Bastelmaterial einen farbigen **Führerschein**. In den Führerschein tragen sie ihren Namen ein und bewahren ihn im Etui auf. Nach jeder durchgeführten Bastelaufgabe malen die Kinder für die durchgeführte Übung ein Lachgesicht auf den Führerschein (= Portfolio).

Einsatz und Aufbau der Arbeitsblätter

Mit den Bastelaufgaben in den Teilen I bis III trainieren die Kinder die vier feinmotorischen Fertigkeiten Schneiden, Kleben, Reißen, Falten. Um die Aufgaben zu erledigen, benötigen die Kinder lediglich eine Schere und einen Klebestift. Je nach Bedarf können sie bei den Aufgaben zum Reißen (Teil II) auch eine Prickelnadel zu Hilfe nehmen.
In den **Vorübungen** zu Beginn der Teile I bis III üben die Kinder zunächst die entsprechenden Fertigkeiten anhand einfacher Formen. Im Anschluss führen die Kinder Bastelaufgaben durch und gestalten ihre gebastelten Produkte nach eigenen Vorstellungen weiter aus.
Die **Zusatzaufgaben** („Das kannst du auch noch machen") auf jedem Arbeitsblatt ergänzen die Bastelaufgaben sinnvoll, indem sie die Bastelbilder für weiterführende Erzähl- und Schreibanlässe nutzen oder weitere Bastelanregungen geben.
Wenn die Kinder eine Bastelaufgabe erledigt haben, können sie die Leitfigur **Bibi Bastelina** unten auf den Arbeitsblättern anmalen.
In Teil IV basteln die Kinder **Spiele** wie Memo, Domino oder Puzzle sowie eine Mini-Theaterkulisse und Figuren. Dabei können sie entweder die gezeichneten Vorlagen verwenden oder die Blanko-Vorlagen nutzen und diese selbst gestalten.
Viele Bastelaufgaben können Sie auch für einen fächerübergreifenden Unterricht nutzen (Mathematik: Grundformen, Deutsch: Erzähl- und Schreibanlässe, Spiele für den Einsatz in der Freiarbeit).

Symbole auf den Arbeitsblättern

Um die Arbeitsaufträge zu verdeutlichen, werden folgende Symbole und Linientypen auf den Arbeitsblättern eingesetzt:

Schneiden: ✂ - - - - - - -
Kleben: oooooo
Reißen: ....
Falten: ______

Hinweise zum Kopieren der Arbeitsblätter

Indem Sie die Arbeitsblätter bzw. Bastelvorlagen auf DIN-A4- oder DIN-A3-Format kopieren, können Sie **zwei Schwierigkeitsstufen** anbieten: DIN A4 = leicht, DIN A3 = schwer. Achten Sie bei den Arbeitsblättern der Teile I und II darauf, dass Sie für jedes Kind die **linke und rechte Seite** einer aufgeschlagenen Doppelseite **einseitig kopieren**, da die Kinder die linke kopierte Seite zerschneiden oder zerreißen und dann auf die rechte Seite kleben.
Kopieren Sie am besten stets einige Seiten mehr als Schüler in der Klasse sind, damit Kinder mit Schwächen in der Feinmotorik evtl. ein weiteres Blatt zum Schneiden oder Reißen erhalten können.

Die Führerschein-Prüfung

Für die Generalprobe und Prüfung (S. 66–69) müssen die Kinder nicht zwingend alle Bastelaufgaben erledigt haben. Es sollten aus den Teilen I–III aber jeweils mindestens vier Übungen gemacht worden sein. Nachdem die Kinder die Generalprobe durchgeführt haben, können Sie unten auf dem Blatt Tipps aufschreiben, die die Kinder für die einige Tage später stattfindende Prüfung beachten sollten.

Wenn Sie den Bastel-Führerschein und die Urkunde (S. 71) unterschreiben und den Kindern überreichen, können die Kinder das Konfetti (S. 70) anmalen, ausschneiden und gemeinsam jubelnd in die Luft werfen.

Tragen Sie Stärken und Schwächen eines jeden Kindes in das **Bastelfähigkeiten-Blatt** (S. 72) ein. Dieses Blatt können Sie für Elternsprechtage und Zeugnisse nutzen.

Viel Spaß und Erfolg mit dem Bastel-Führerschein wünscht Ihnen und Ihren Schülern

Bernd Wehren

✂ Vorübungen zum Schneiden ✂

(Kopieren Sie auf: DIN A4 = leicht oder DIN A3 = schwer)

1. Schneide entlang der gestrichelten Linien.
2. Wie klappt es am besten? Beschreibe und zeige es.

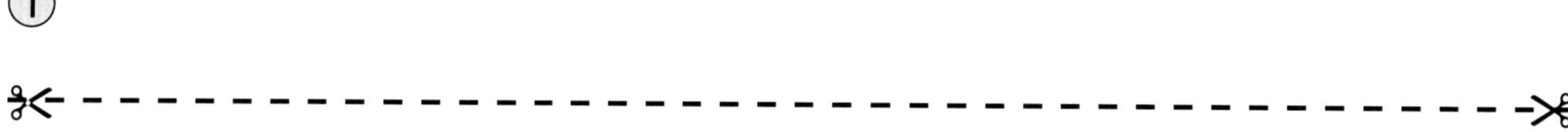

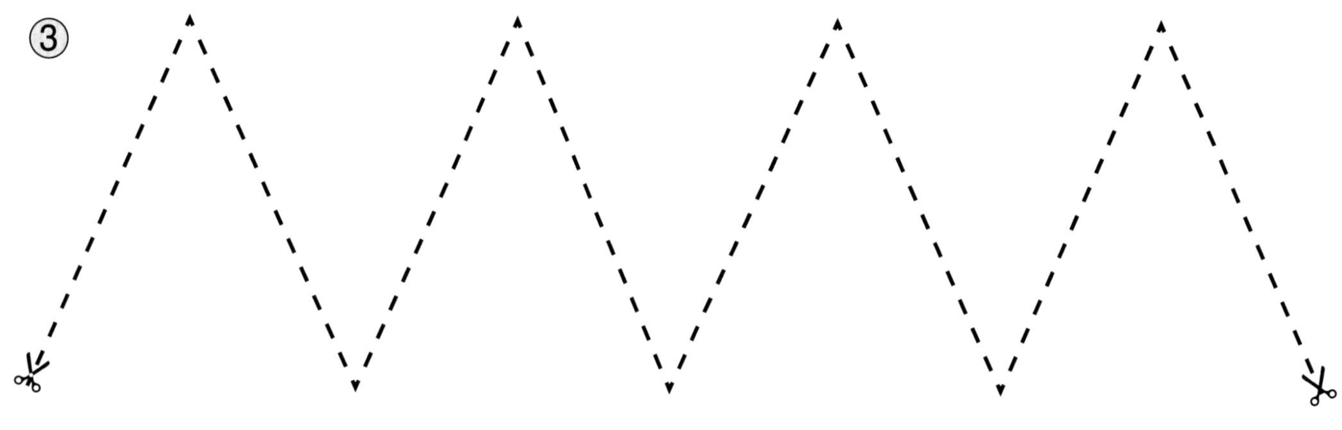

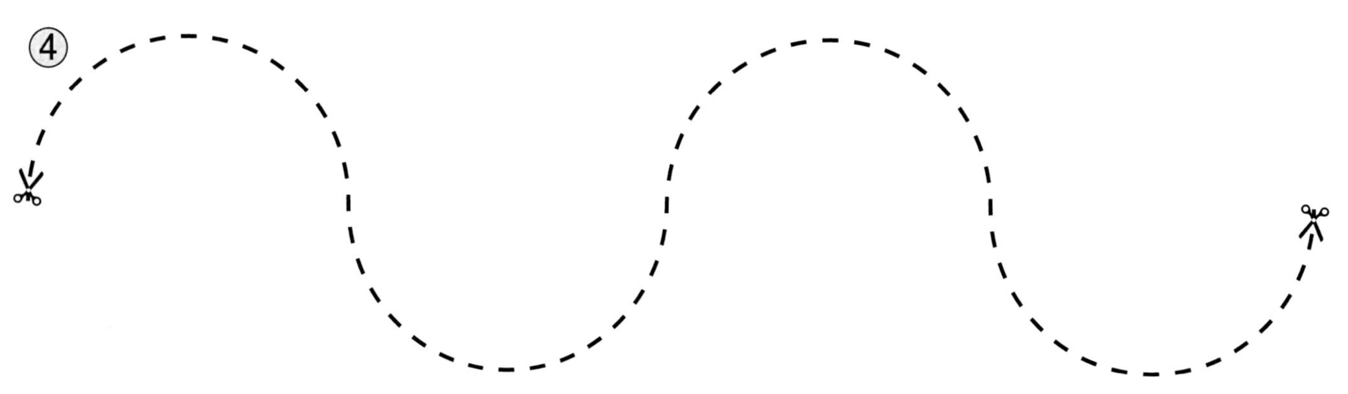

1. Schneide entlang der gestrichelten Linien.
2. Wie klappt es am besten? Beschreibe und zeige es.

①

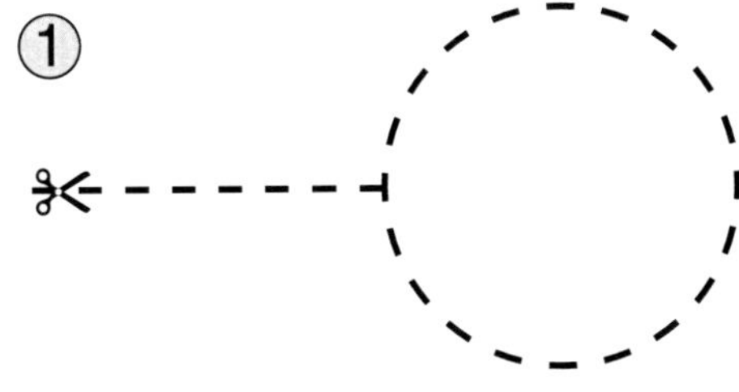

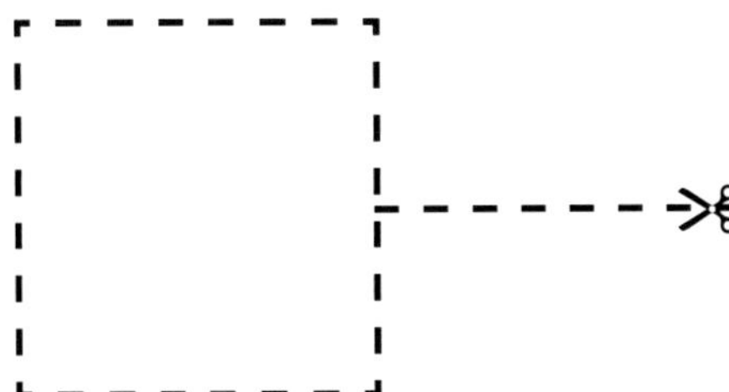

②

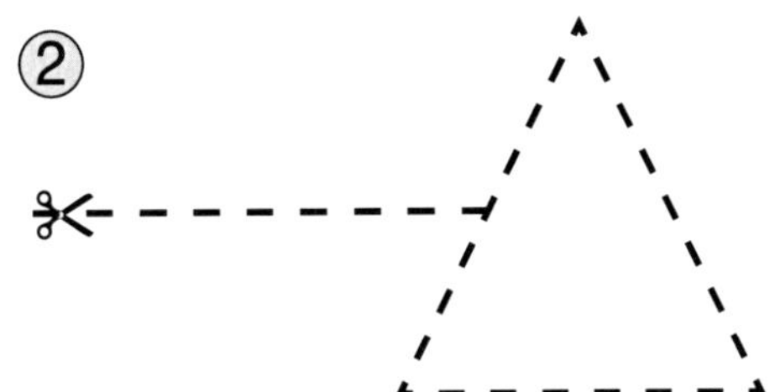

③

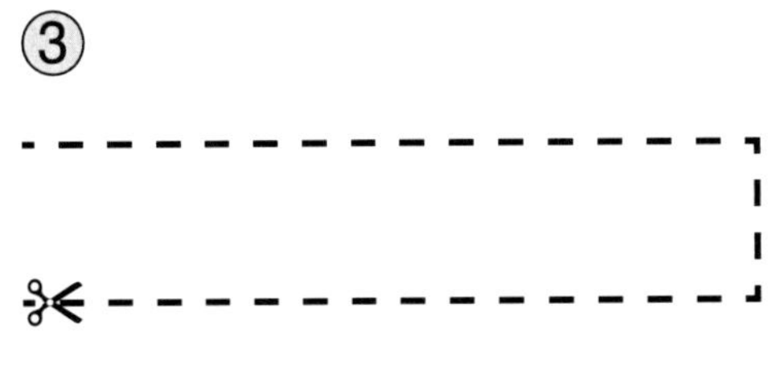

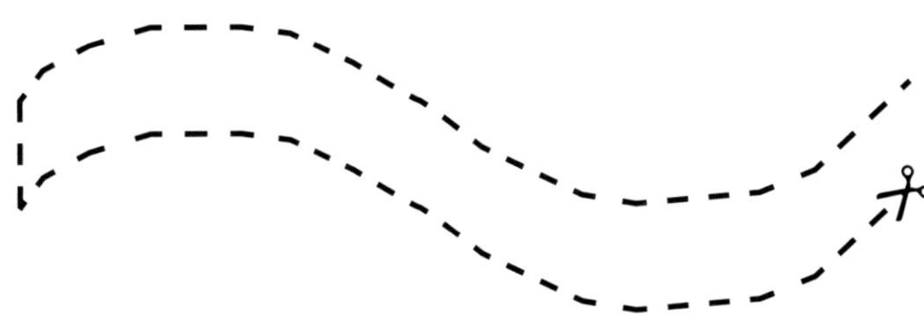

④

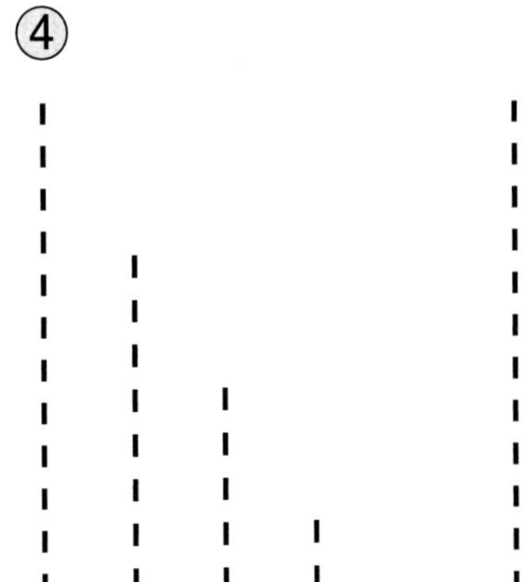

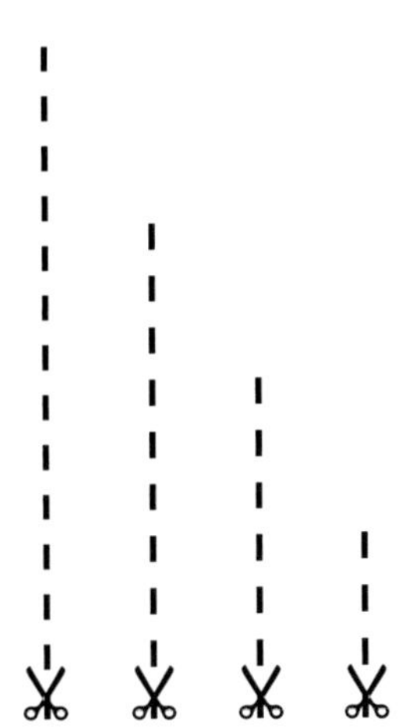

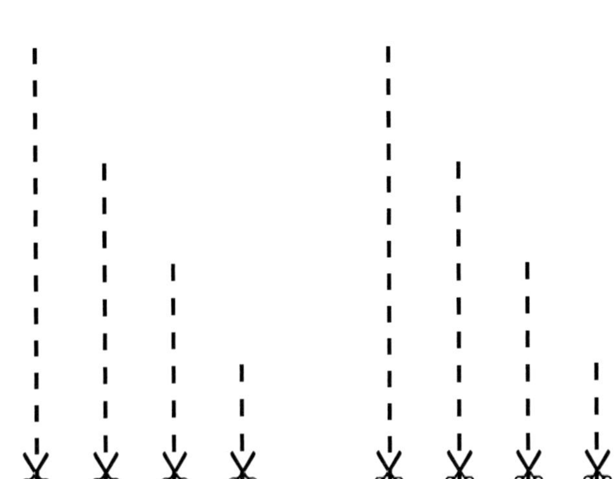

 (Kopieren Sie auf: DIN A4 = leicht oder DIN A3 = schwer)

1. Schneide die Formen rechts entlang der gestrichelten Linien aus.
2. Klebe sie links auf.
3. Wie klappt es am besten? Beschreibe und zeige es.

① 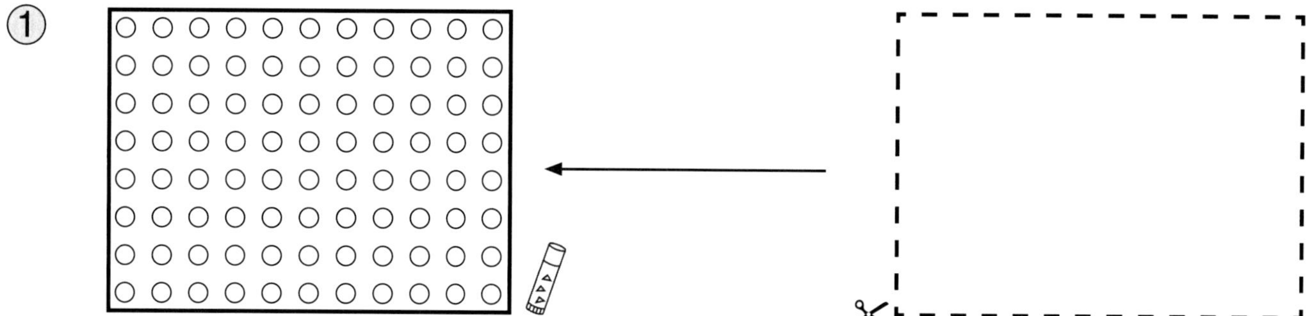

② 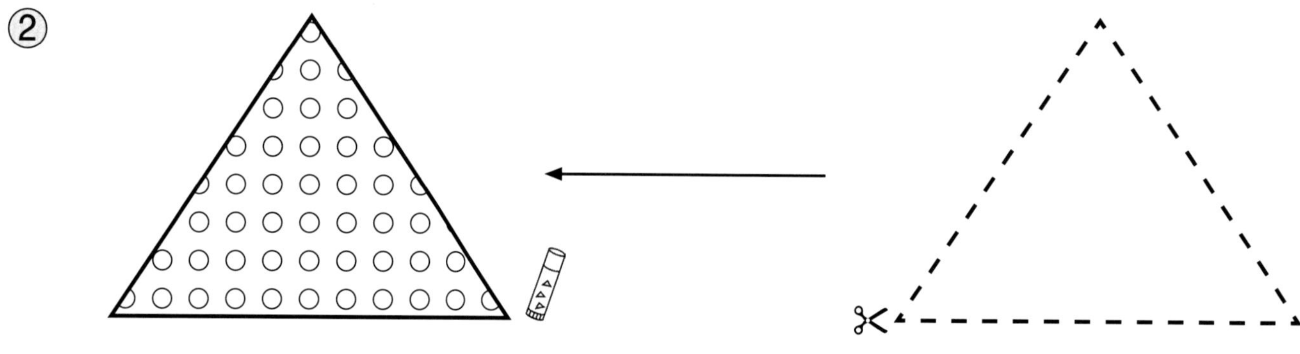

③ 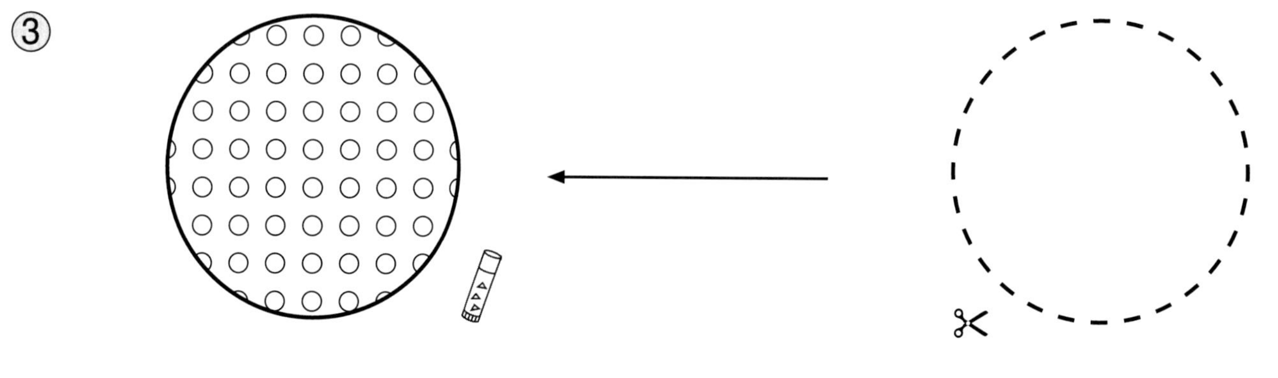

④ 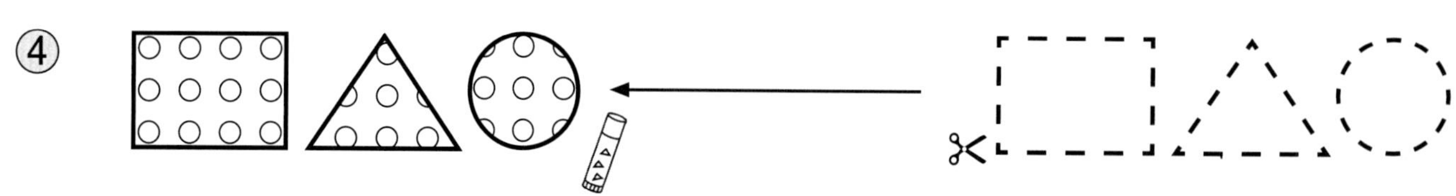

1. Schneide die Formen rechts entlang der gestrichelten Linien aus.
2. Klebe sie links auf.
3. Wie klappt es am besten? Beschreibe und zeige es.

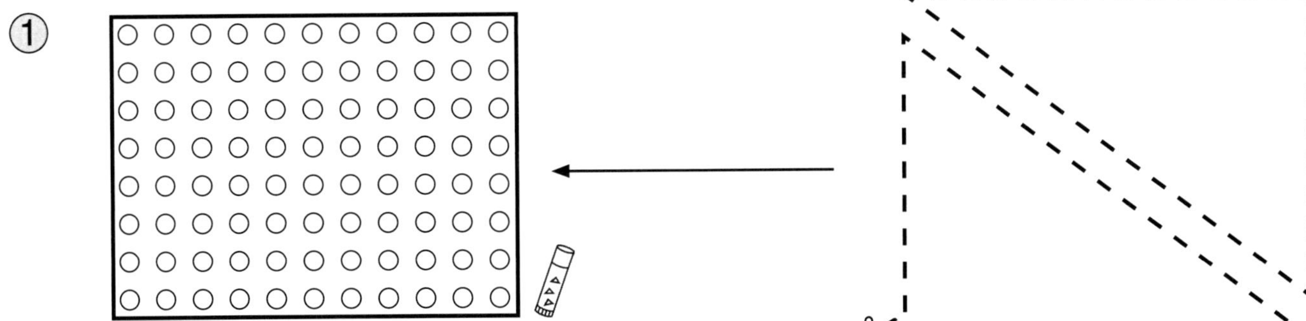

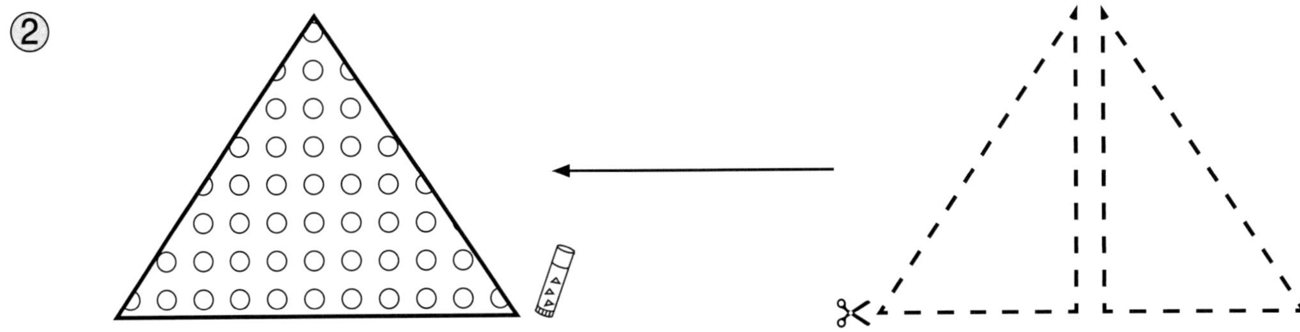

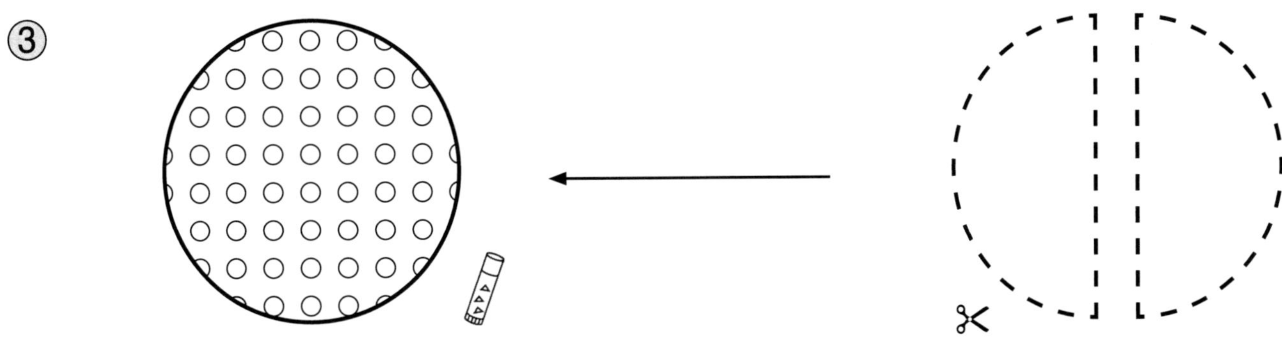

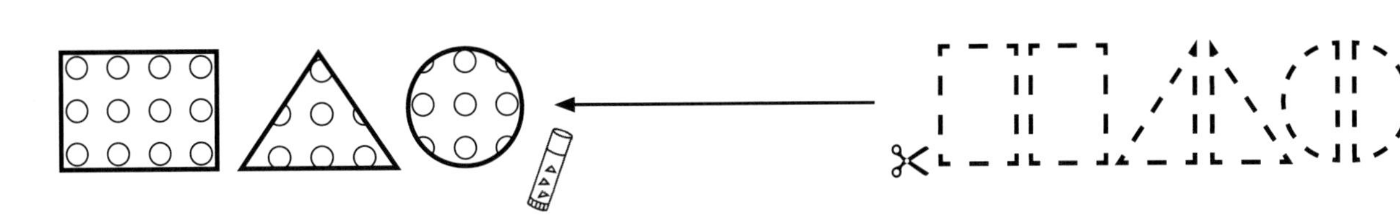

1 Fernseher

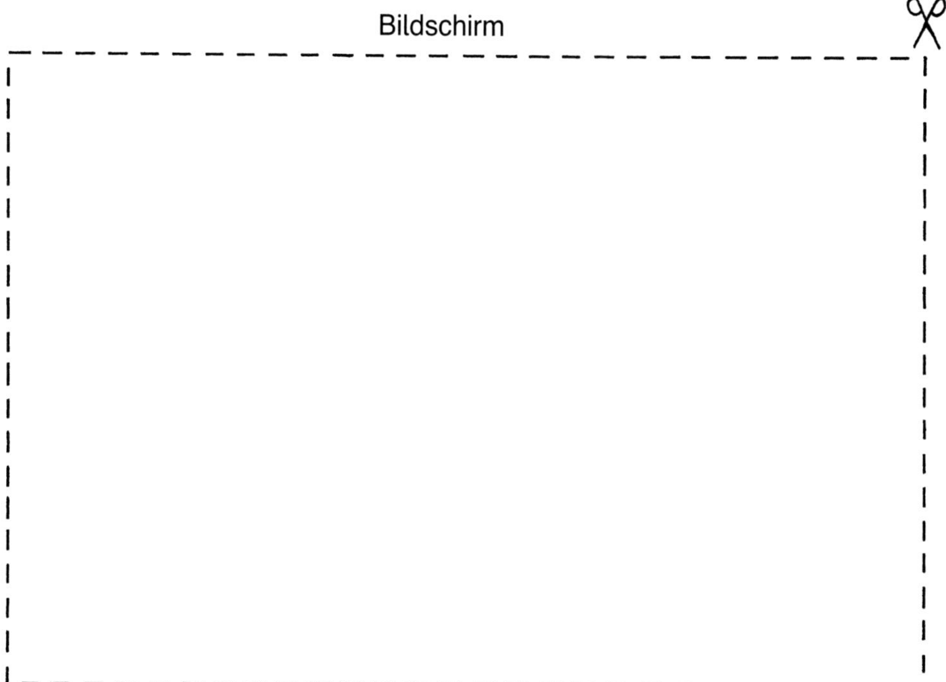

1 Fernseher

1. Klebe den Bildschirm auf den Fernseher.
2. Was schauen sich die Kinder an? Male.

Das kannst du auch noch machen: 3. Male das Bild an und weiter.

4. Erzähle zu deinem Bild. 5. Schreibe zu deinem Bild.

2 Familienfoto

Foto

2 Familienfoto

1. Klebe das Foto in den Bilderrahmen.
2. Male deine Familie.

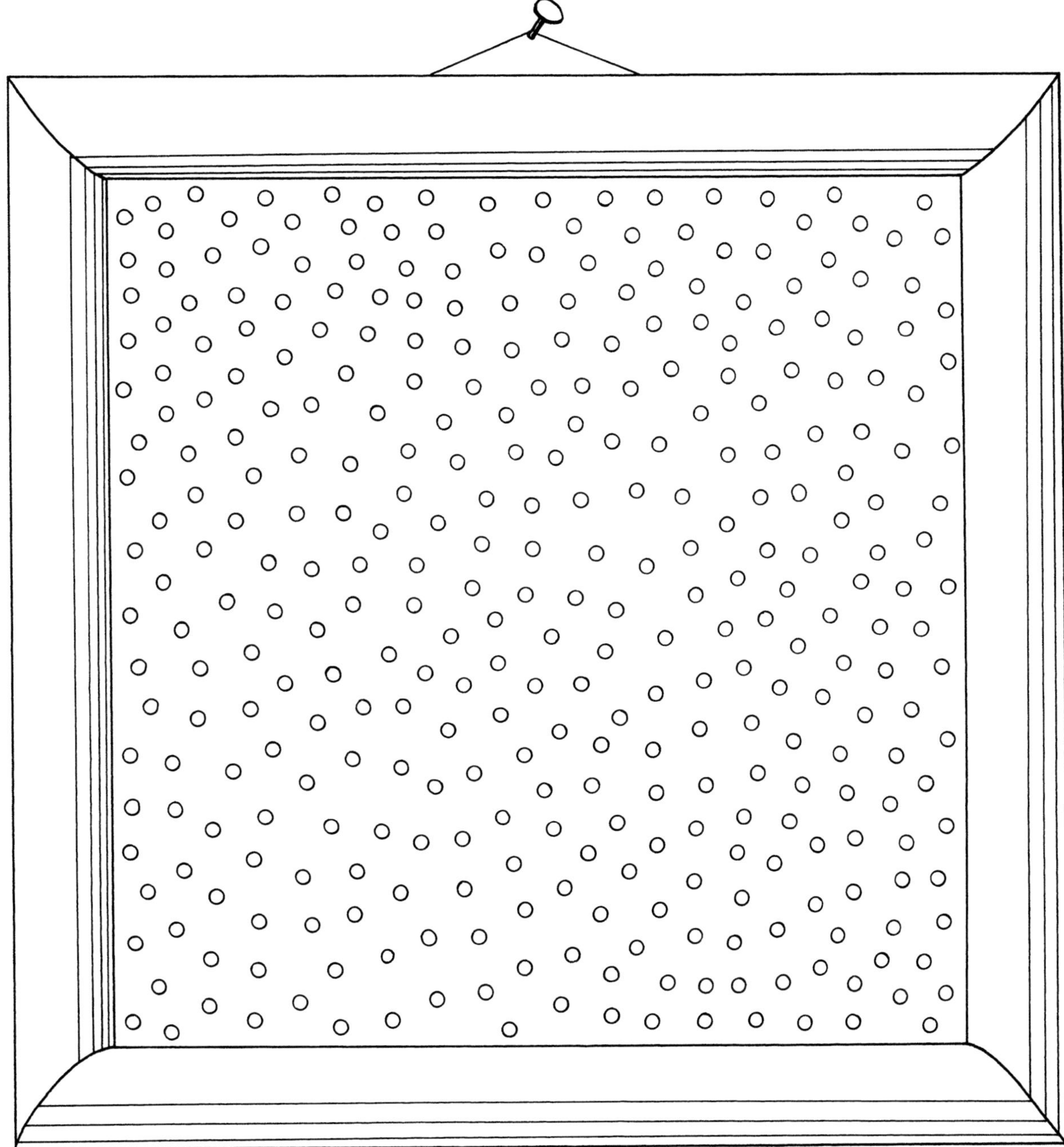

Das kannst du auch noch machen: 3. Male das Bild an und weiter.

4. Erzähle zu deinem Bild. 5. Schreibe zu deinem Bild.

3 Drachen

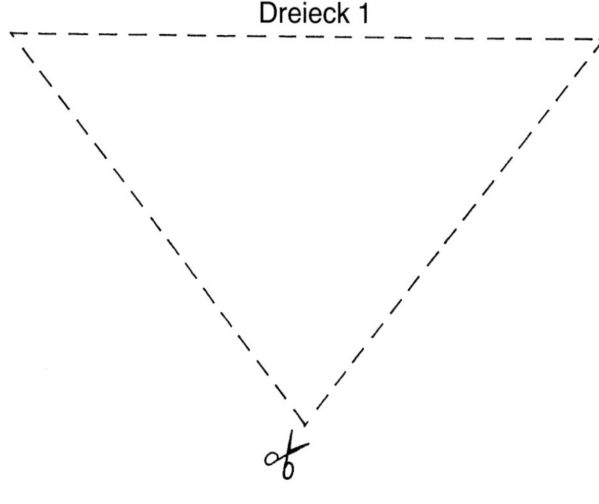

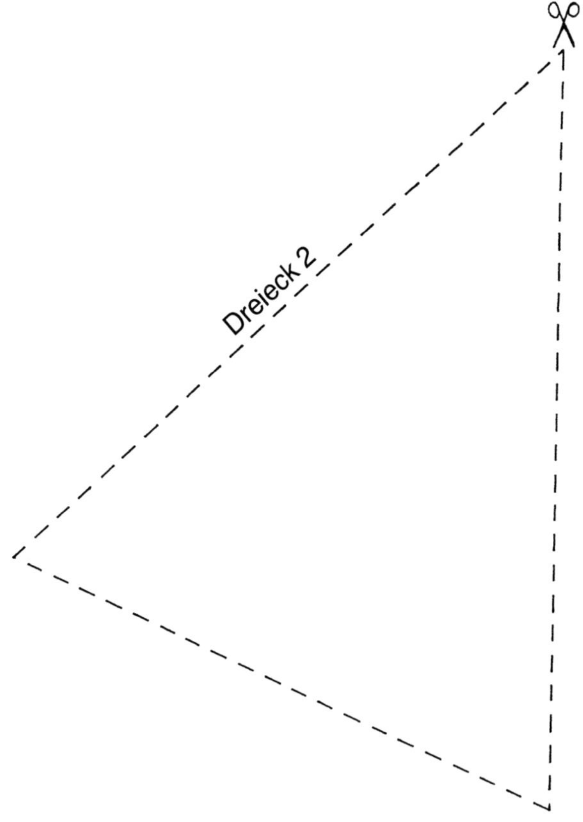

3 Drachen

1. Klebe die Dreiecke auf den Drachen.
2. Wohin fliegt die Mütze? Male.

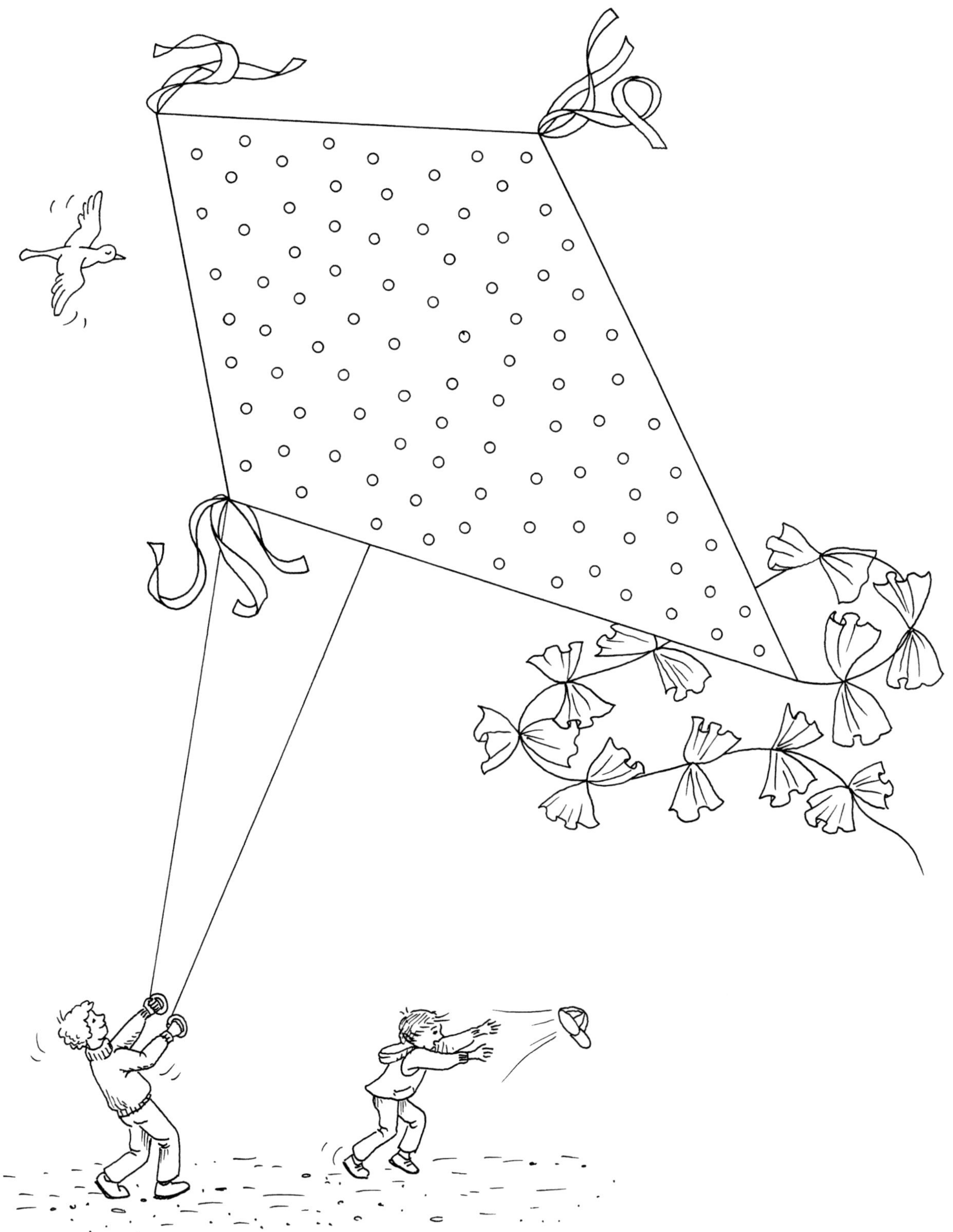

Das kannst du auch noch machen: 3. Male das Bild an und weiter.

4. Erzähle zu deinem Bild. 5. Schreibe zu deinem Bild.

4 Raumschiff

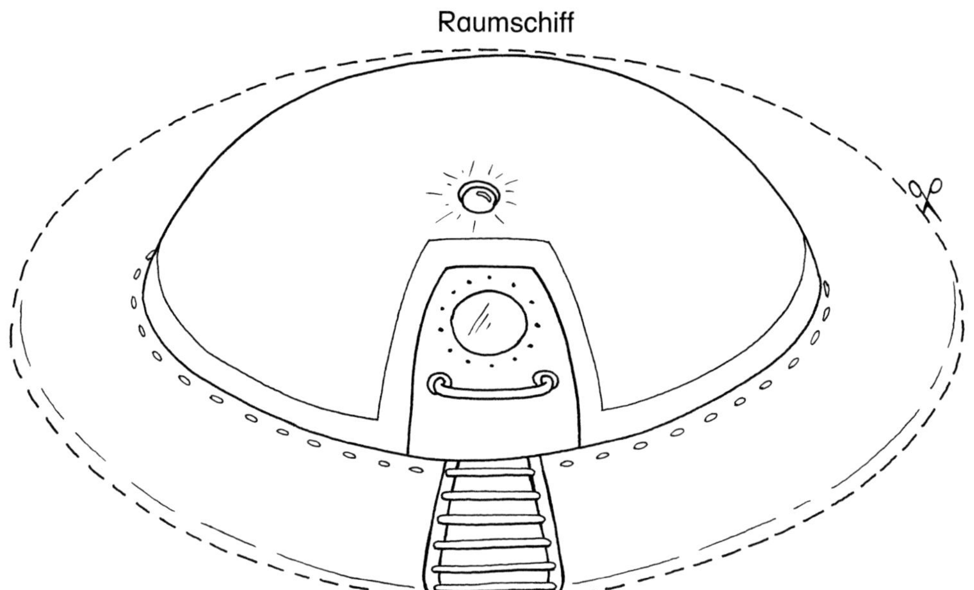

4 Raumschiff

1. Klebe das Raumschiff auf.
2. Wer sitzt in dem Glas-Cockpit des Raumschiffes? Male.

Das kannst du auch noch machen: 3. Male das Bild an und weiter.

4. Erzähle zu deinem Bild. 5. Schreibe zu deinem Bild.

5 Roboter

Körperteile

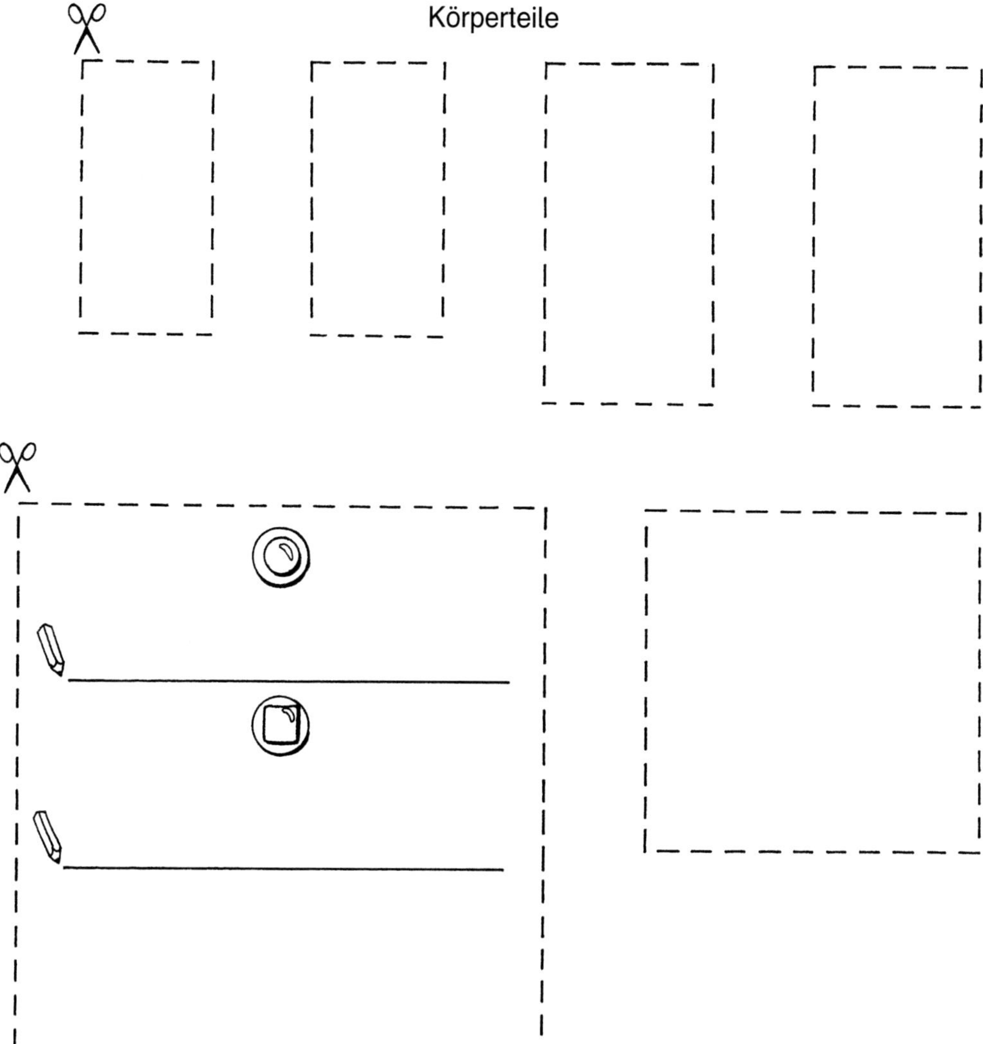

5 Roboter

1. Klebe die Körperteile des Roboters auf.
2. Welche Funktion haben die Knöpfe? Schreibe auf die Linien.

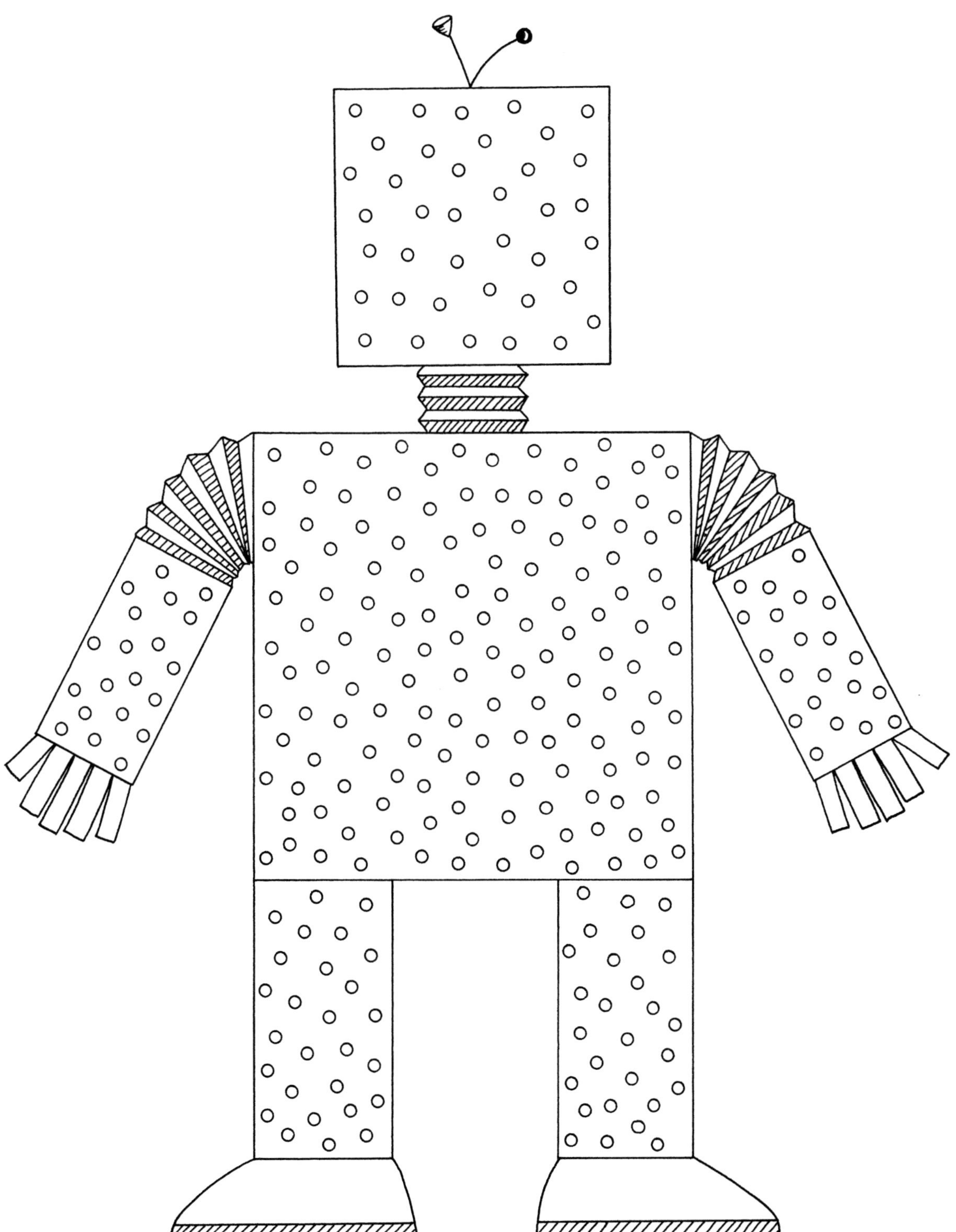

Das kannst du auch noch machen: 3. Male das Bild an und weiter.

4. Erzähle zu deinem Bild. 5. Schreibe zu deinem Bild.

6 Rennwagen

Reifen

Wimpel

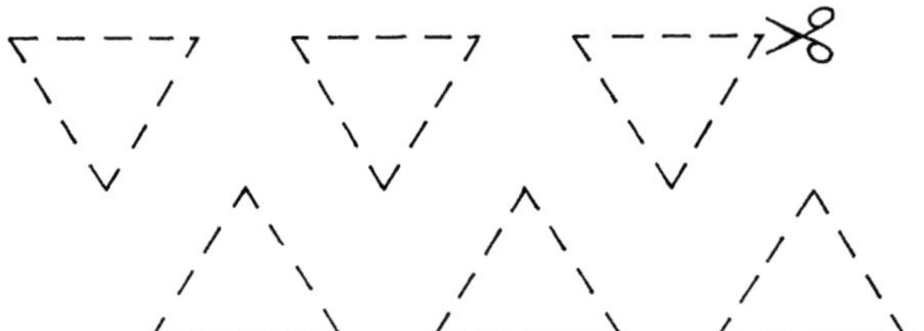

6 Rennwagen

1. Klebe die Reifen und Wimpel auf.
2. Wie sehen die Rennwagen aus? Male.

Das kannst du auch noch machen: 3. Male das Bild an und weiter.

4. Erzähle zu deinem Bild. 5. Schreibe zu deinem Bild.

7 Pizza

Pizzateig

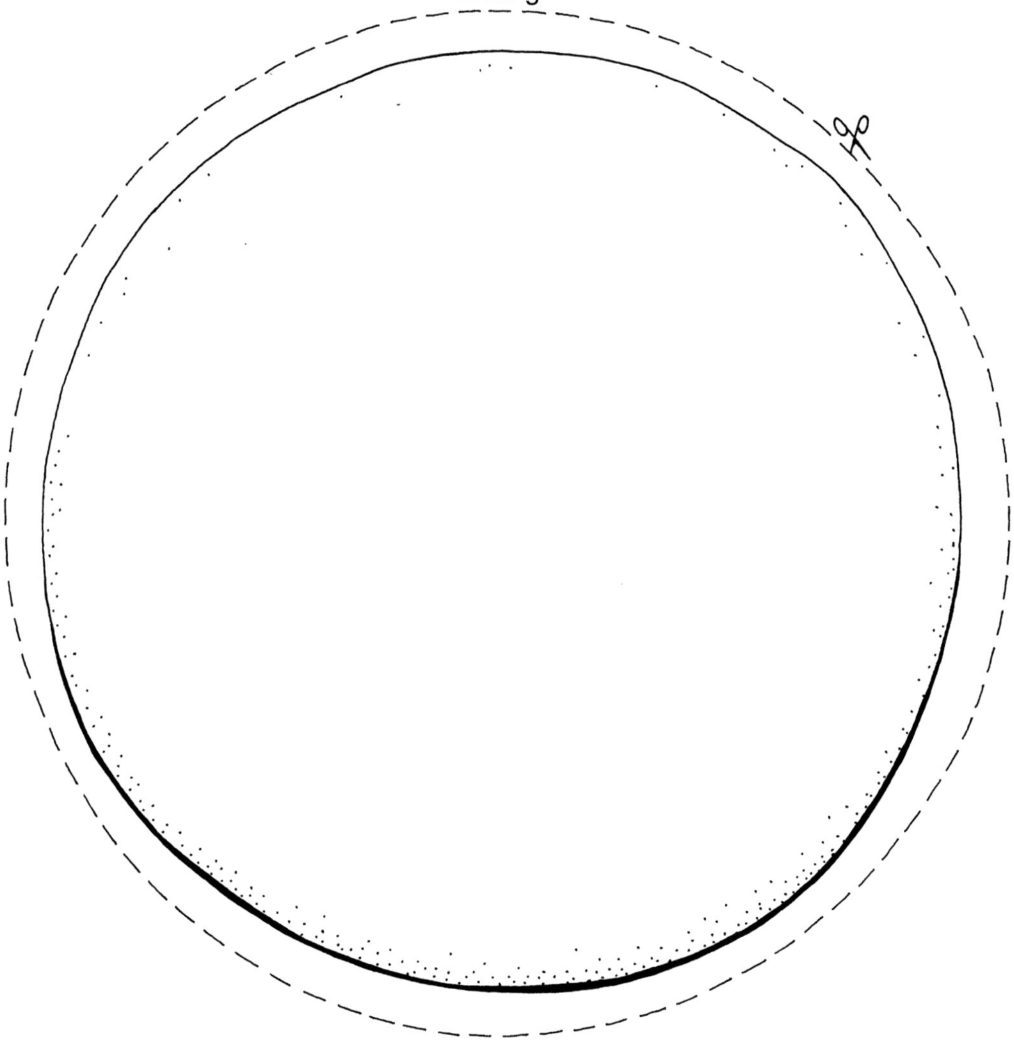

Zutaten

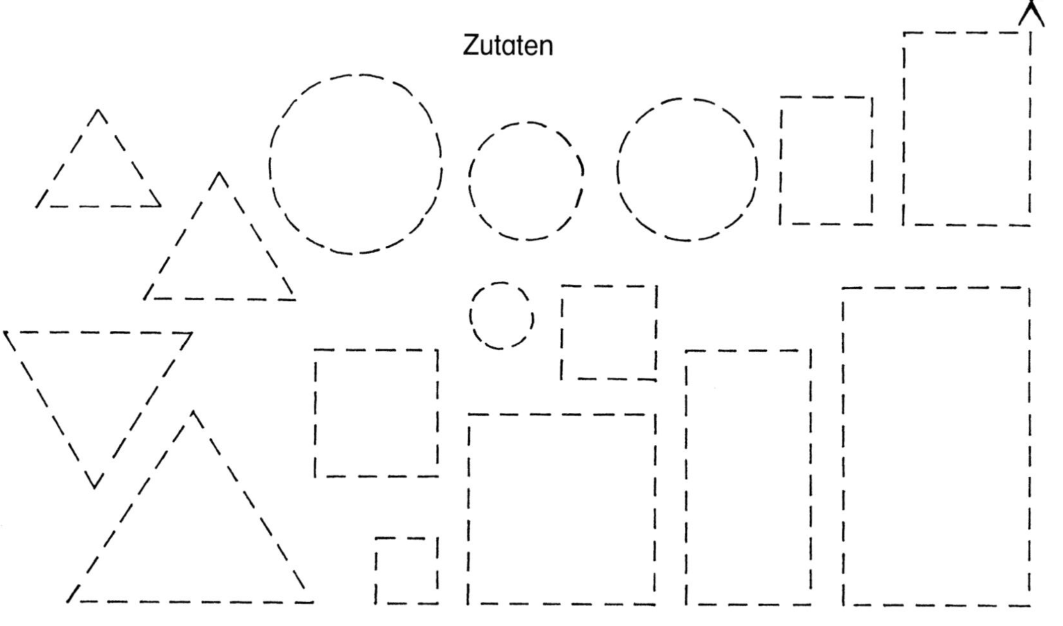

7 Pizza

1. Klebe den Pizzateig auf. Male ihn an.
2. Klebe danach die Zutaten auf. Male sie an.

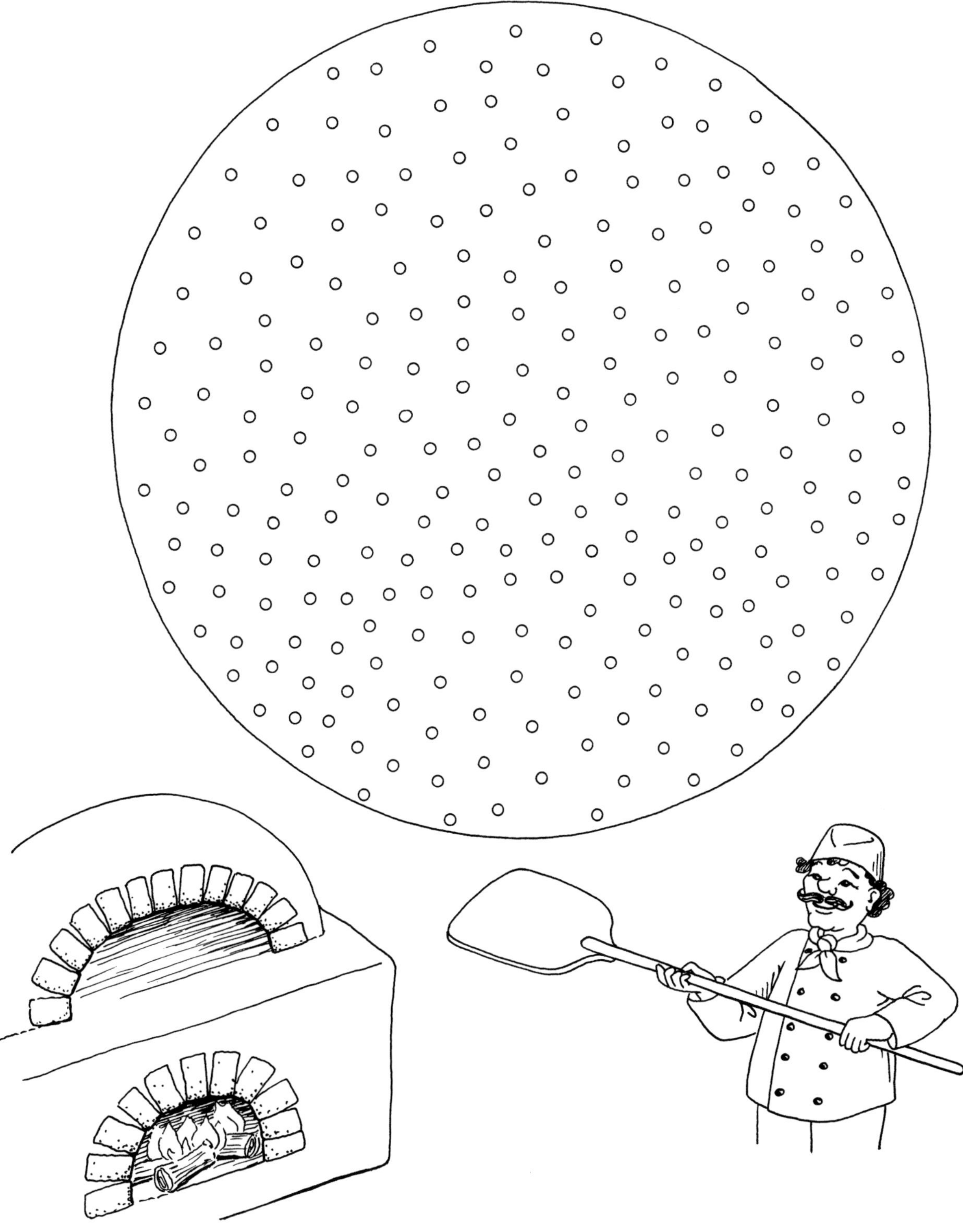

Das kannst du auch noch machen: 3. Male das Bild an und weiter.

4. Erzähle zu deinem Bild. 5. Schreibe zu deinem Bild.

8 Schatzkisten-Aufklappbild

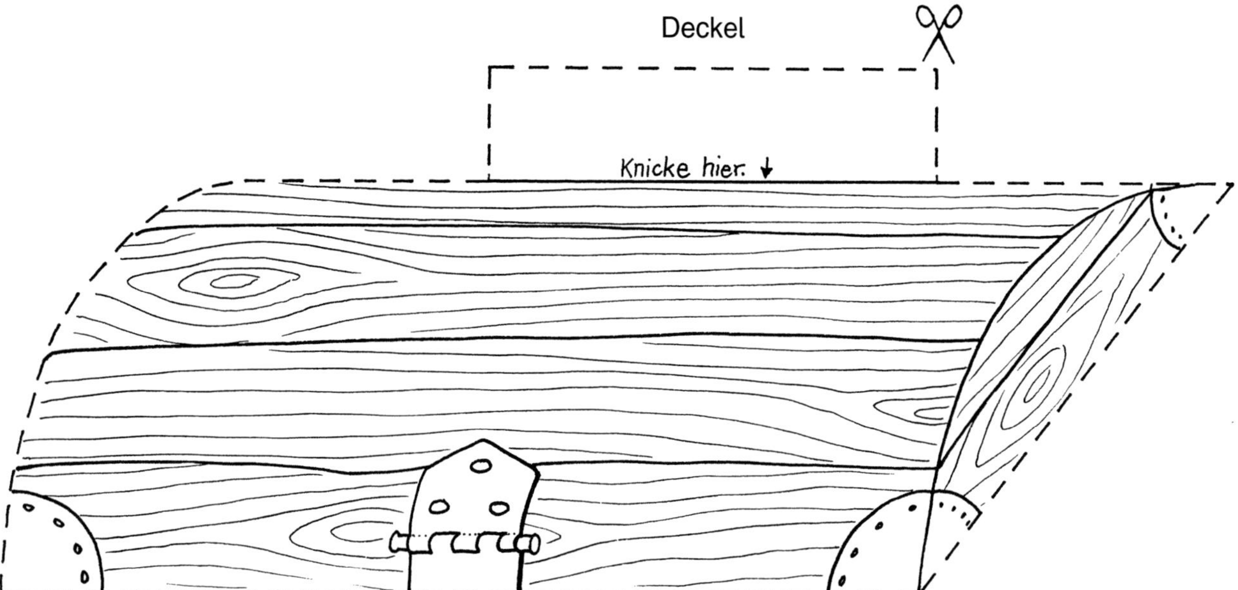

8 Schatzkisten-Aufklappbild

1. Klebe den Deckel auf – aber nur die Punktfläche bekleben.
2. Was ist in der Schatzkiste? Male.

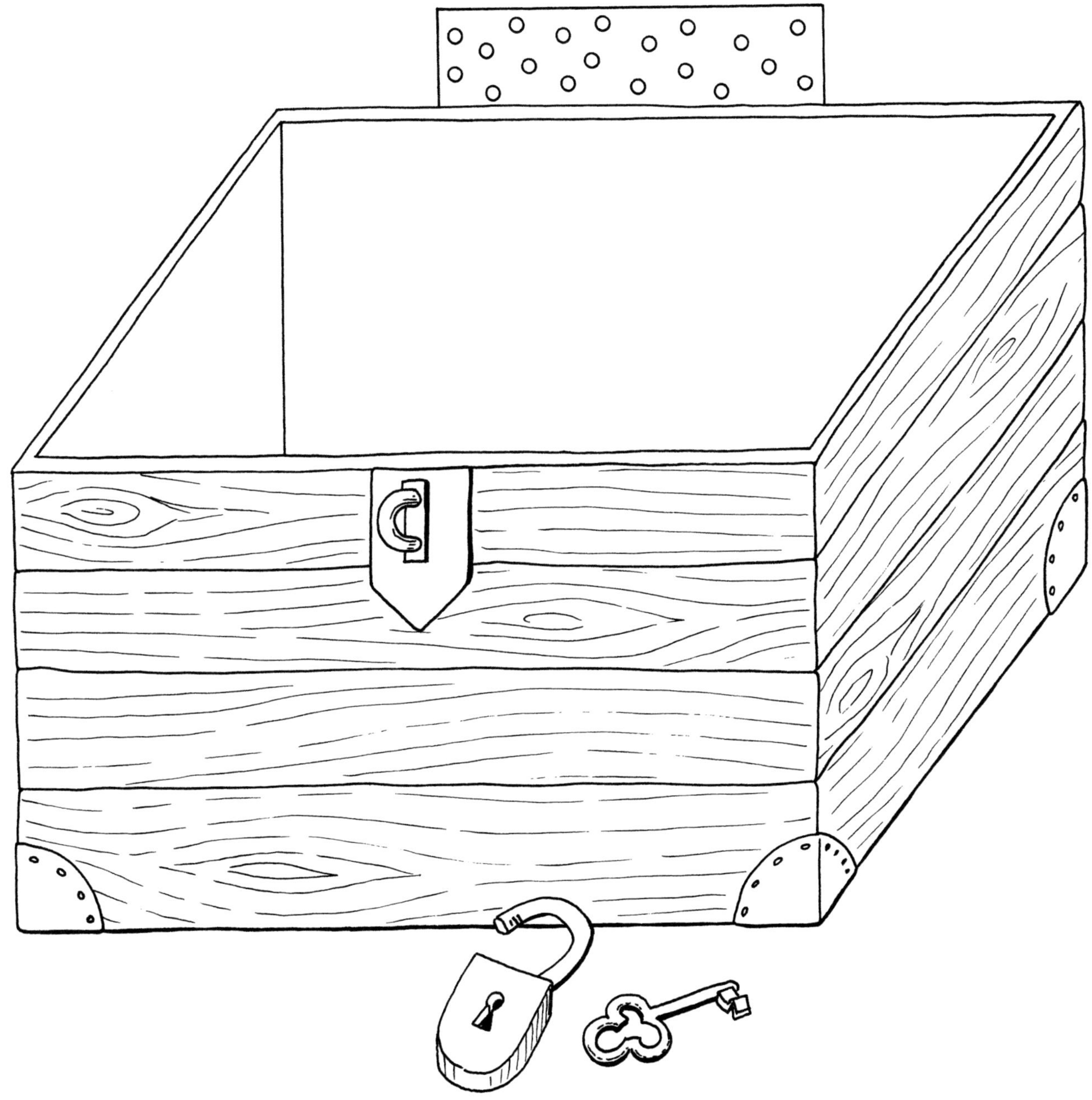

Das kannst du auch noch machen: 3. Male das Bild an und weiter.

4. Erzähle zu deinem Bild. 5. Schreibe zu deinem Bild.

9 Überraschungsei-Aufklappbild

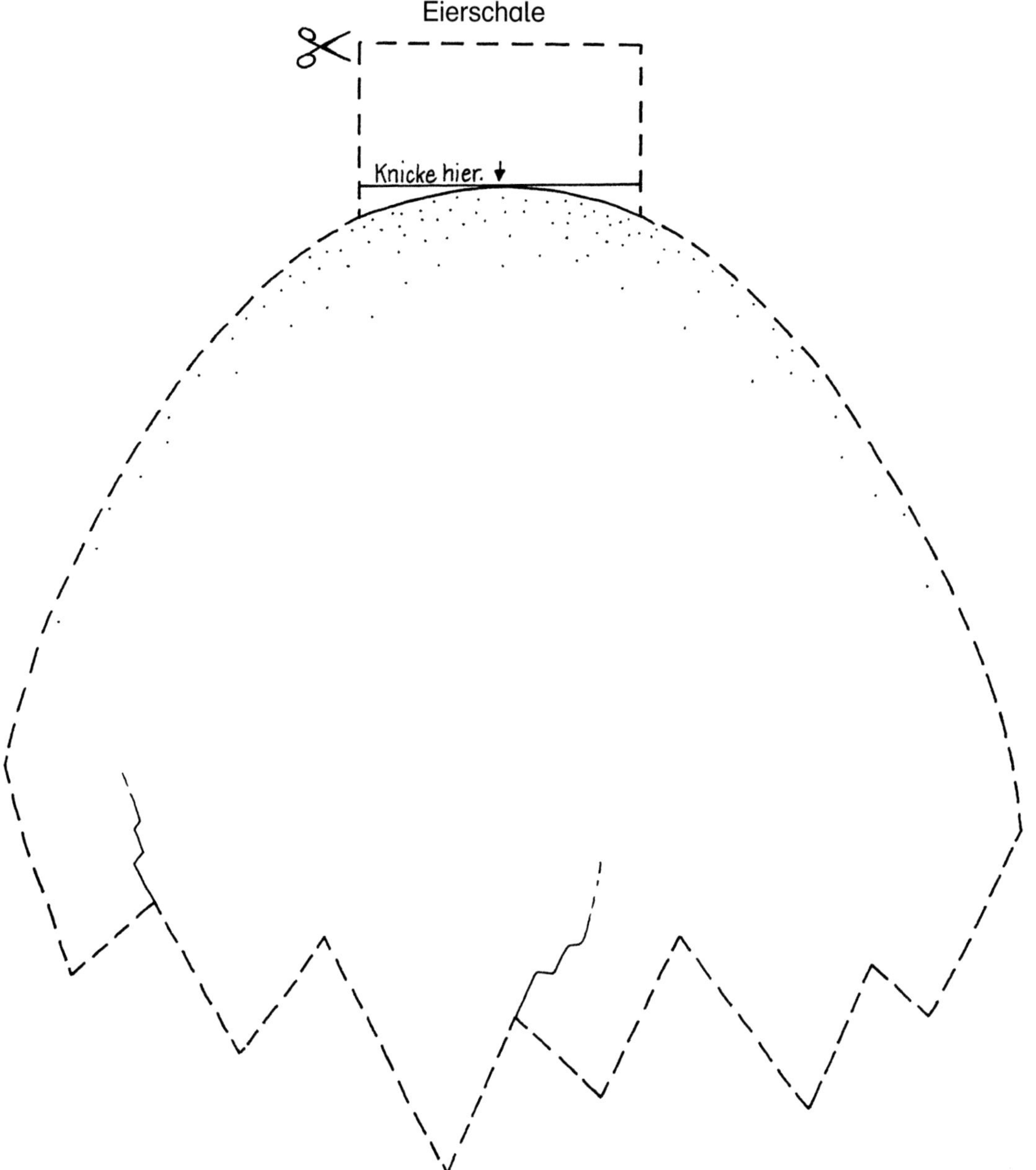

9 Überraschungsei-Aufklappbild

1. Klebe die Eierschale auf – aber nur die Punktflächen bekleben.
2. Wer oder was schlüpft aus dem Ei? Male.

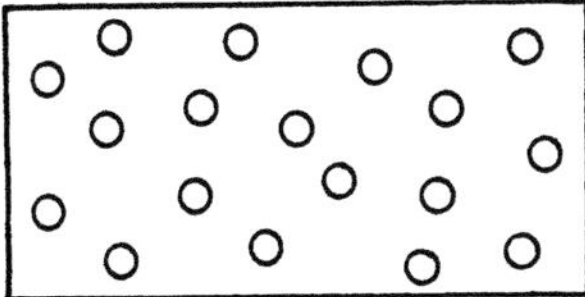

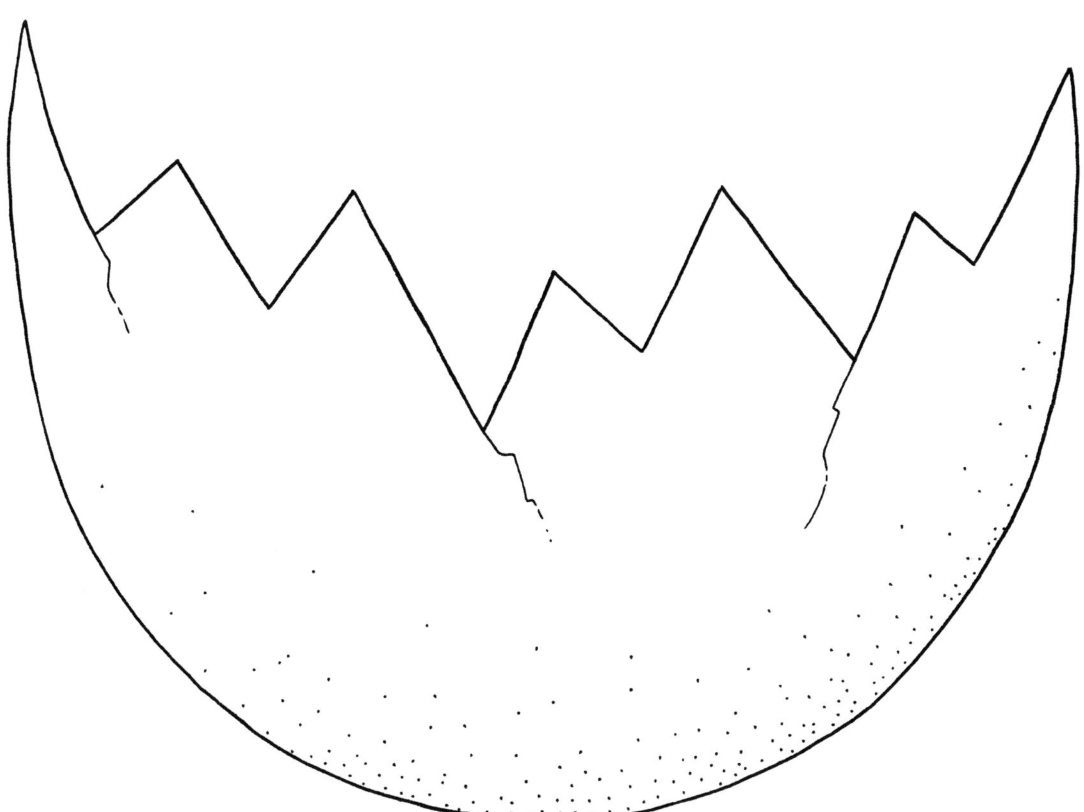

Das kannst du auch noch machen: 3. Male das Bild an und weiter.

4. Erzähle zu deinem Bild. 5. Schreibe zu deinem Bild.

10 Theater-Aufklappbild

Vorhang

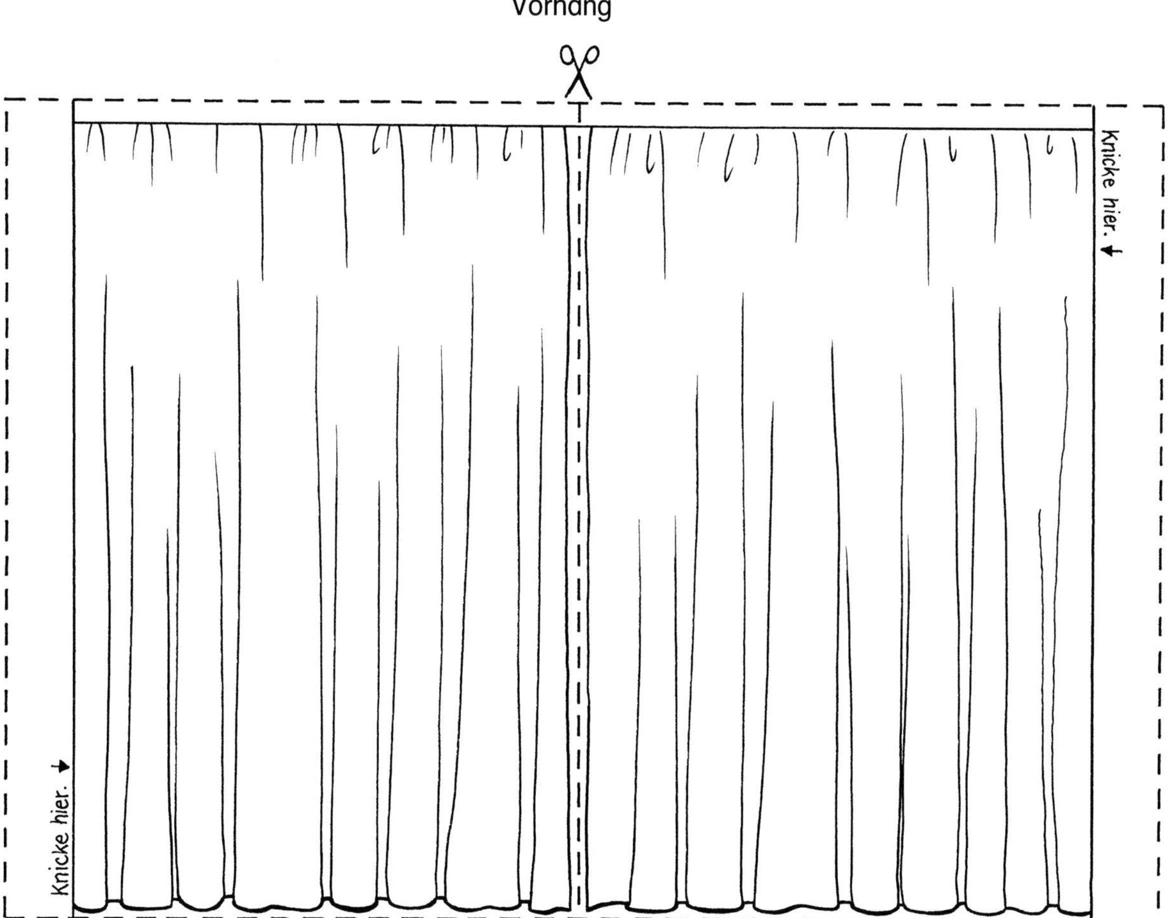

10 Theater-Aufklappbild

1. Klebe den Vorhang auf – aber nur die Punktflächen bekleben.
2. Welches Theaterstück schauen sich die Zuschauer an? Male.

Das kannst du auch noch machen: 3. Male das Bild an und weiter.

4. Erzähle zu deinem Bild. 5. Schreibe zu deinem Bild.

11 Schloss-Aufklappbild

Fenster

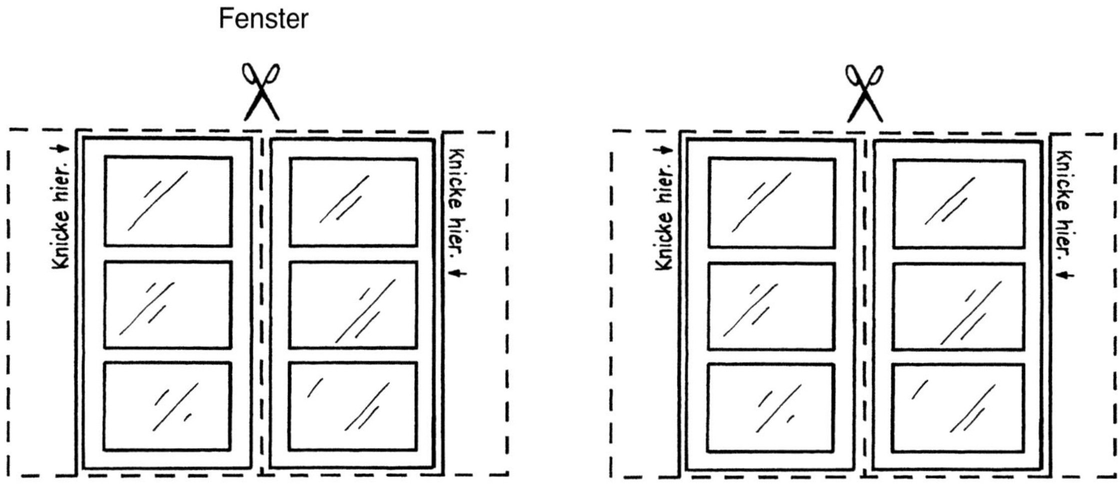

Tor

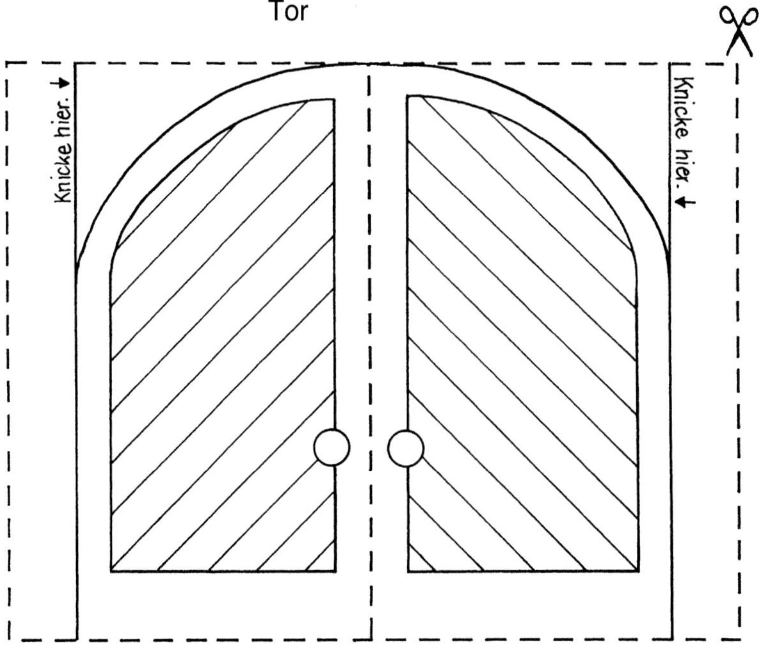

11 Schloss-Aufklappbild

1. Klebe die Fenster und das Tor auf – aber nur die Punktflächen bekleben.
2. Wer lebt in dem Schloss? Male.

Das kannst du auch noch machen: 3. Male das Bild an und weiter.

4. Erzähle zu deinem Bild. 5. Schreibe zu deinem Bild.

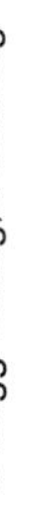

12 Geschenke-Aufklappbild

Geschenkpapier

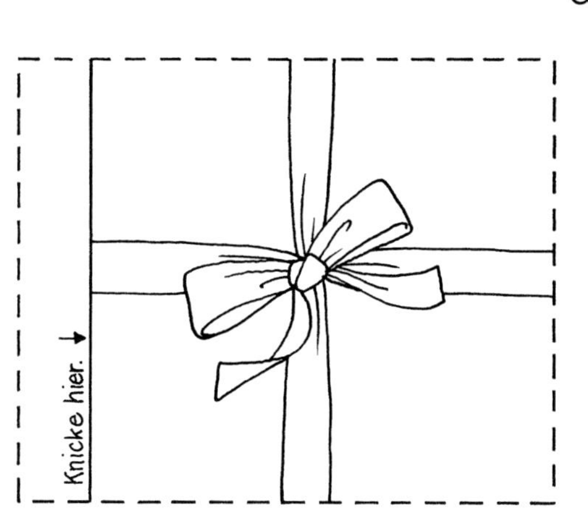

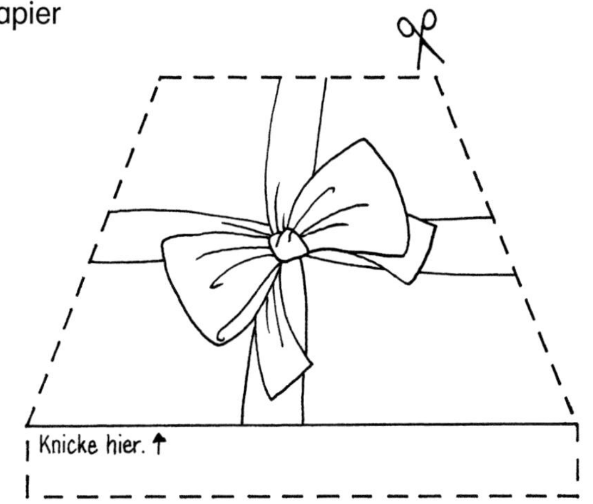

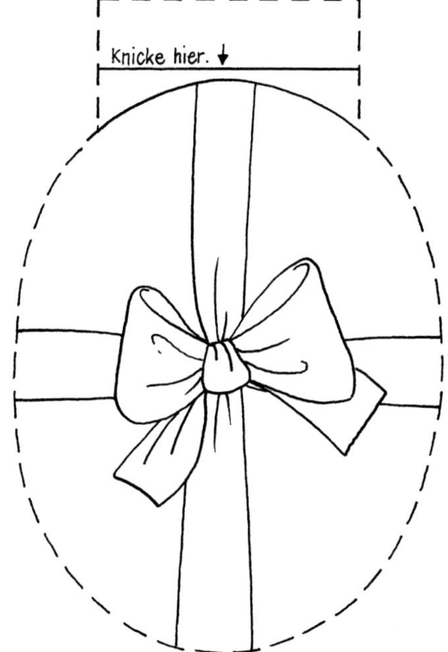

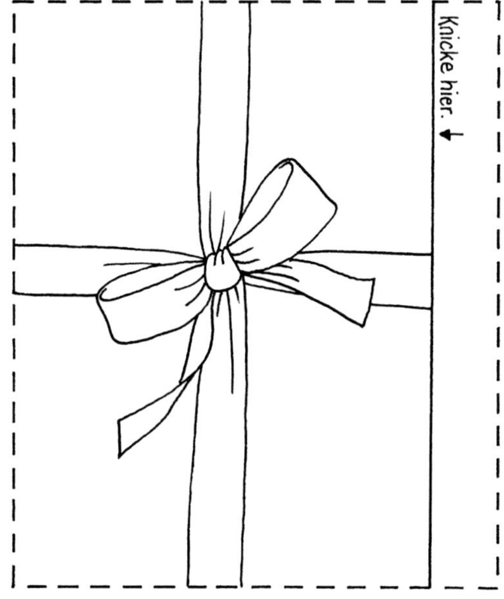

12 Geschenke-Aufklappbild

1. Klebe das Geschenkpapier auf – aber nur die Punktflächen bekleben.
2. Was haben die Kinder geschenkt bekommen? Male.

Das kannst du auch noch machen: 3. Male das Bild an und weiter.

4. Erzähle zu deinem Bild. 5. Schreibe zu deinem Bild.

13 Geisterbahn-Aufklappbild

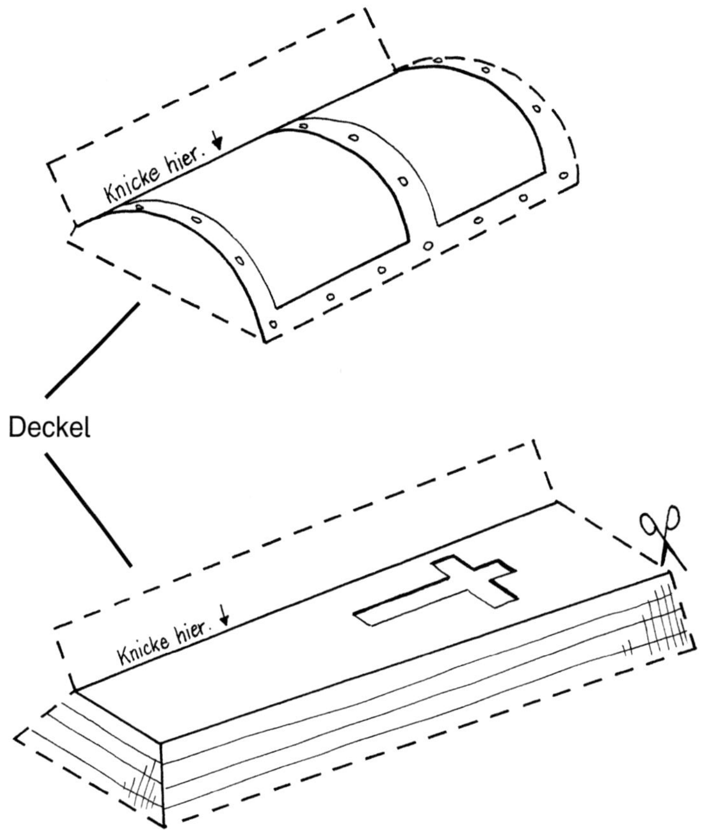

Tür

13 Geisterbahn-Aufklappbild

1. Klebe die Deckel und die Tür auf – aber nur die Punktflächen bekleben.
2. Wer oder was erschrickt die Kinder? Male.

Das kannst du auch noch machen: 3. Male das Bild an und weiter.

4. Erzähle zu deinem Bild. 5. Schreibe zu deinem Bild.

Vorübungen zum Reißen

(Kopieren Sie auf: DIN A4 = leicht oder DIN A3 = schwer)

1. Reiße entlang der gepunkteten Linien.
   Oder: Steche mit einer Prickelnadel entlang der gepunkteten Linie und reiße dann.
2. Wie klappt es am besten? Beschreibe und zeige es.

①

②

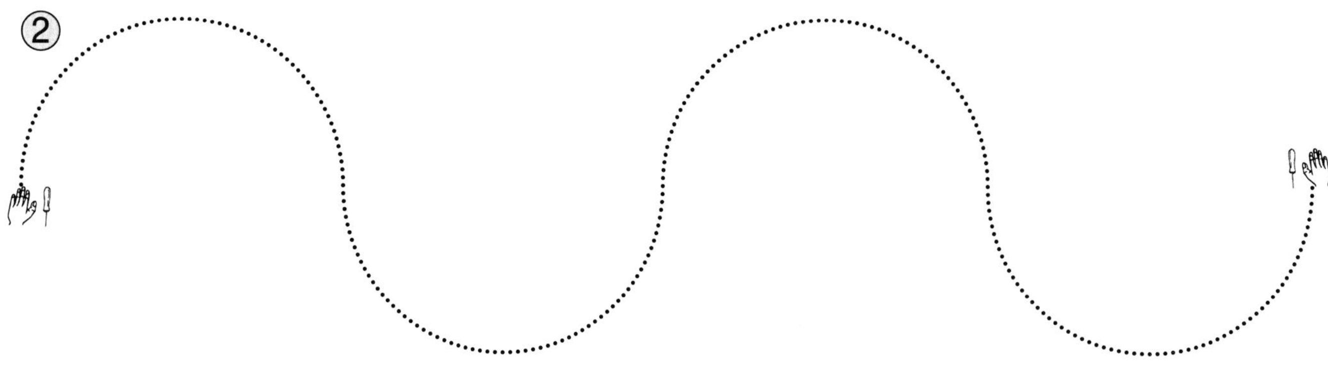

③

④

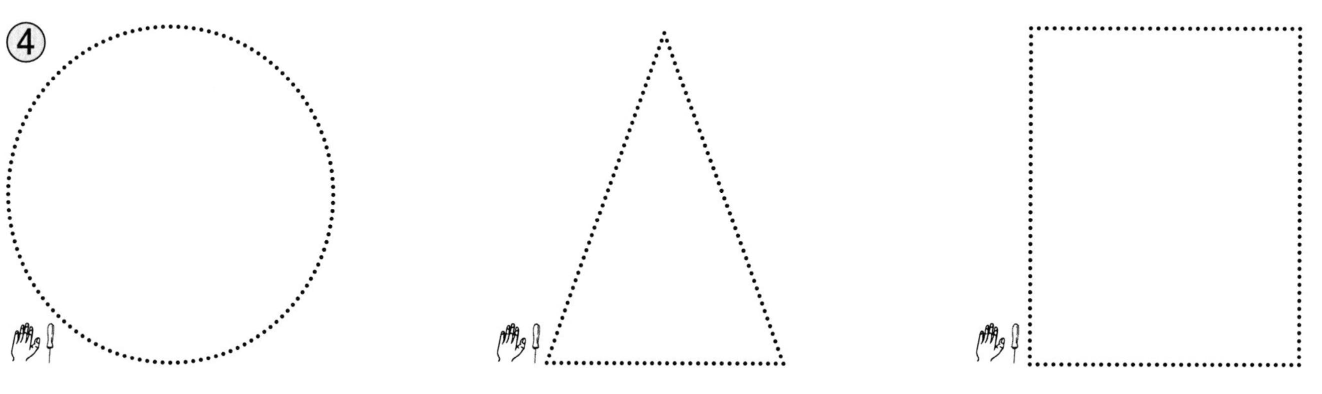

1. Reiße entlang der gepunkteten Linien.
   Oder: Steche mit einer Prickelnadel entlang der gepunkteten Linie und reiße dann.
2. Wie klappt es am besten? Beschreibe und zeige es.

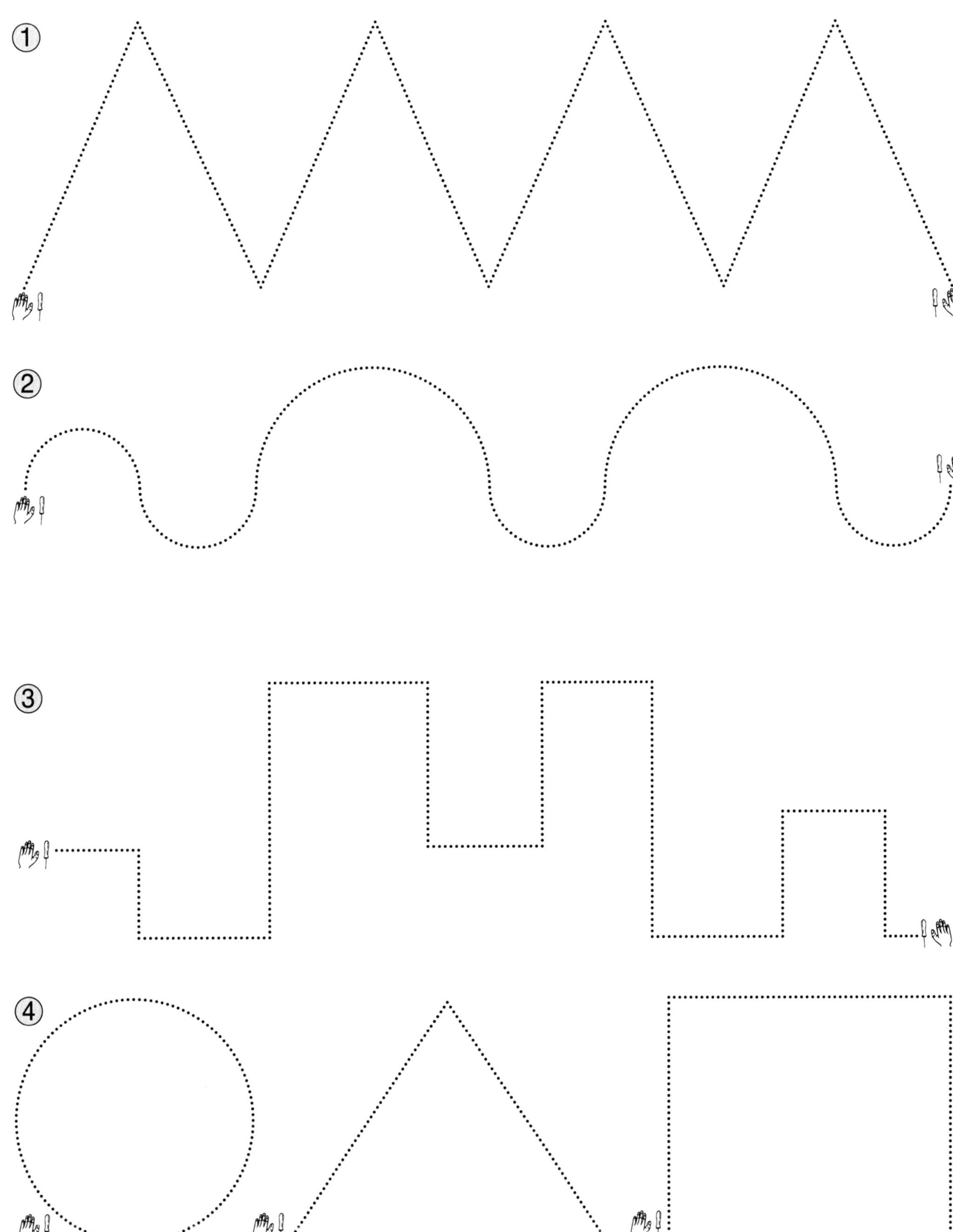

14 Superhelden

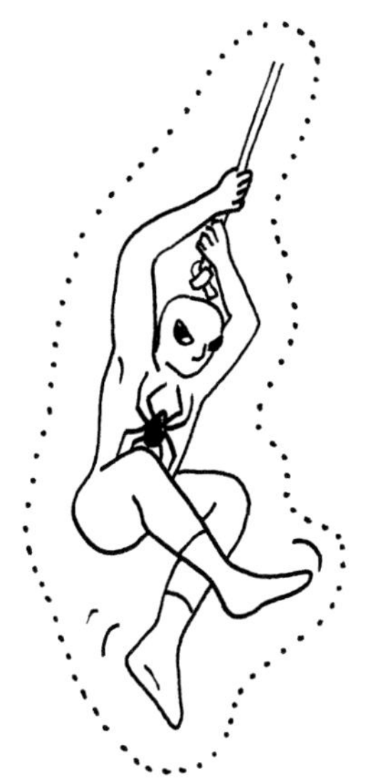

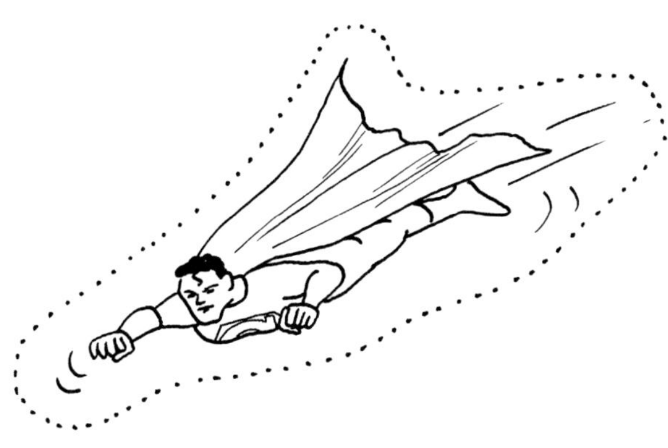

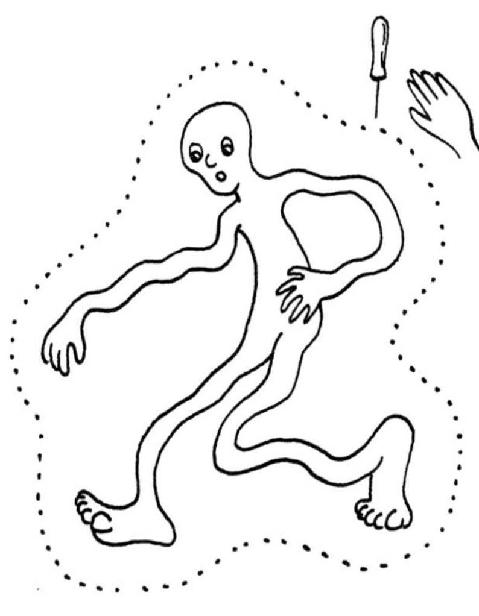

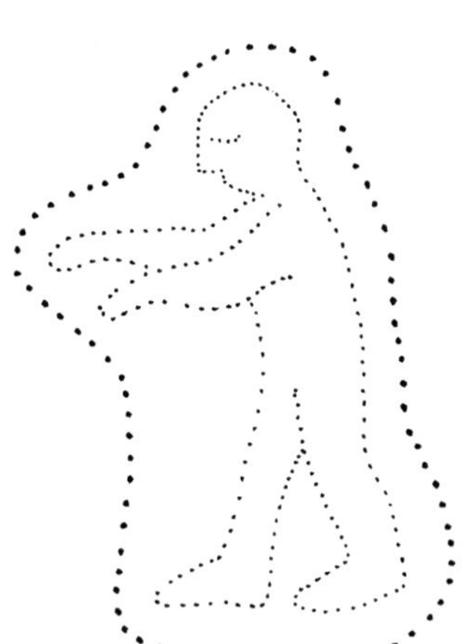

14 Superhelden

1. Klebe die Superhelden auf.
2. Male an und weiter.

Das kannst du auch noch machen:

3. Erzähle zu deinem Bild. 4. Schreibe zu deinem Bild.

(Kopieren Sie auf: DIN A4 = leicht oder DIN A3 = schwer)

15 Fußballspiel

15 Fußballspiel

1. Klebe die Fußballer und das Tor auf.
2. Male an und weiter.

Das kannst du auch noch machen:

3. Erzähle zu deinem Bild. 4. Schreibe zu deinem Bild.

16 Hexen und Zauberer

16 Hexen und Zauberer

1. Klebe Hexen, Hütte usw. auf.
2. Male an und weiter.

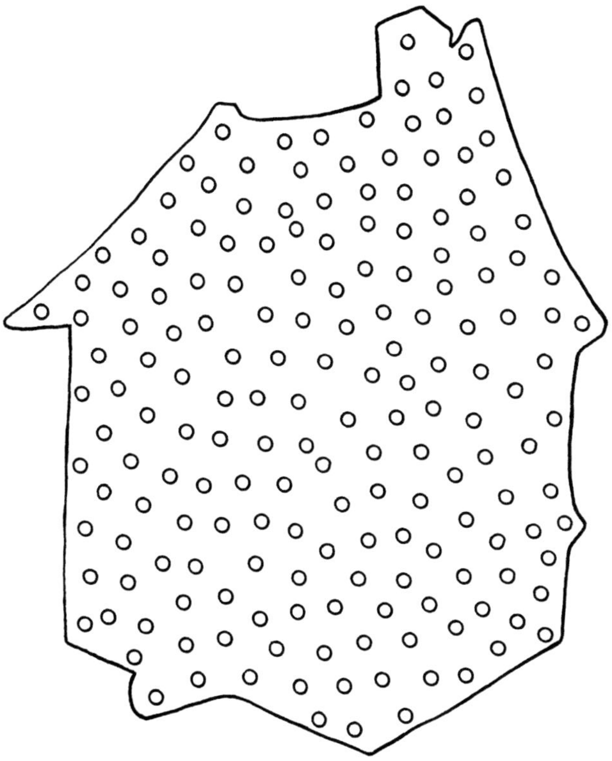

Das kannst du auch noch machen:

3. Erzähle zu deinem Bild. 4. Schreibe zu deinem Bild.

17 Ballonfahrt

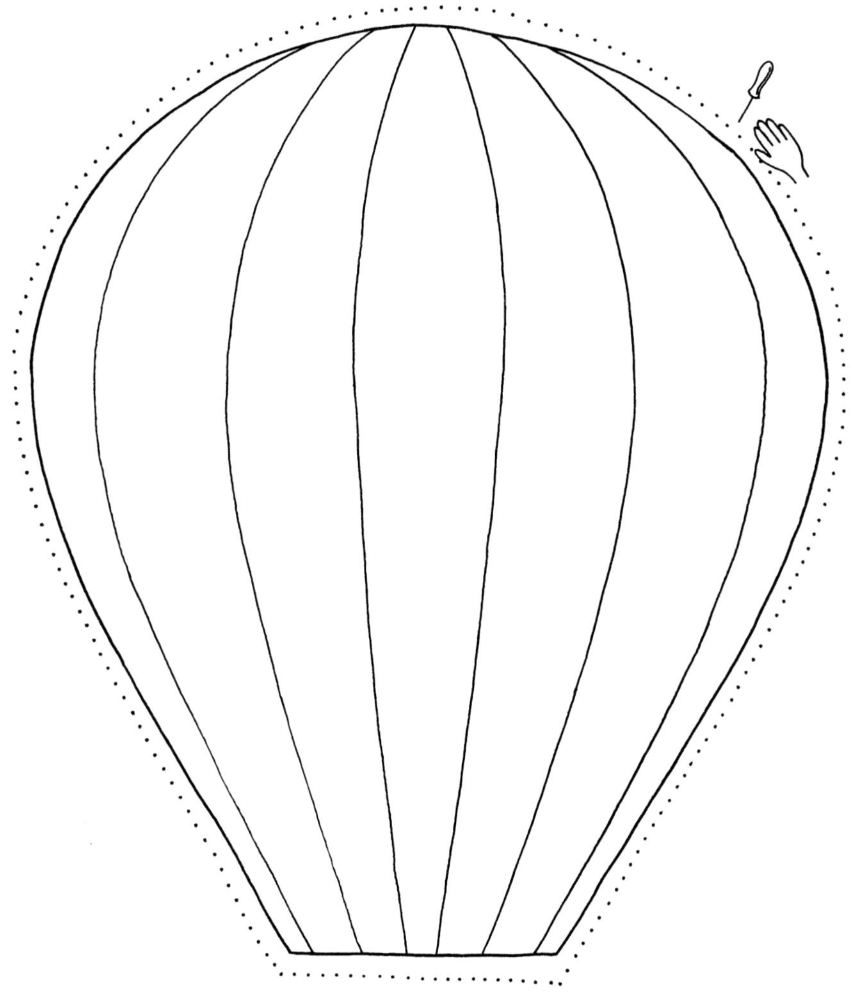

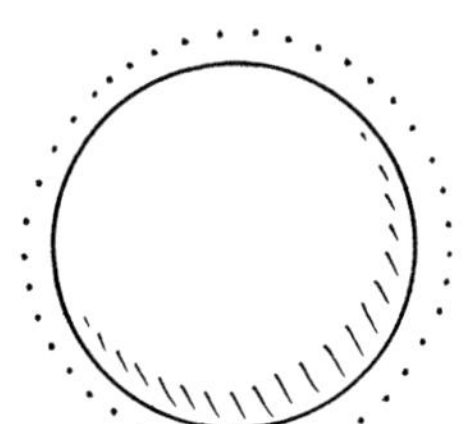

17 Ballonfahrt

1. Klebe Ballon, Sonne und Wolke auf.
2. Male an und weiter.

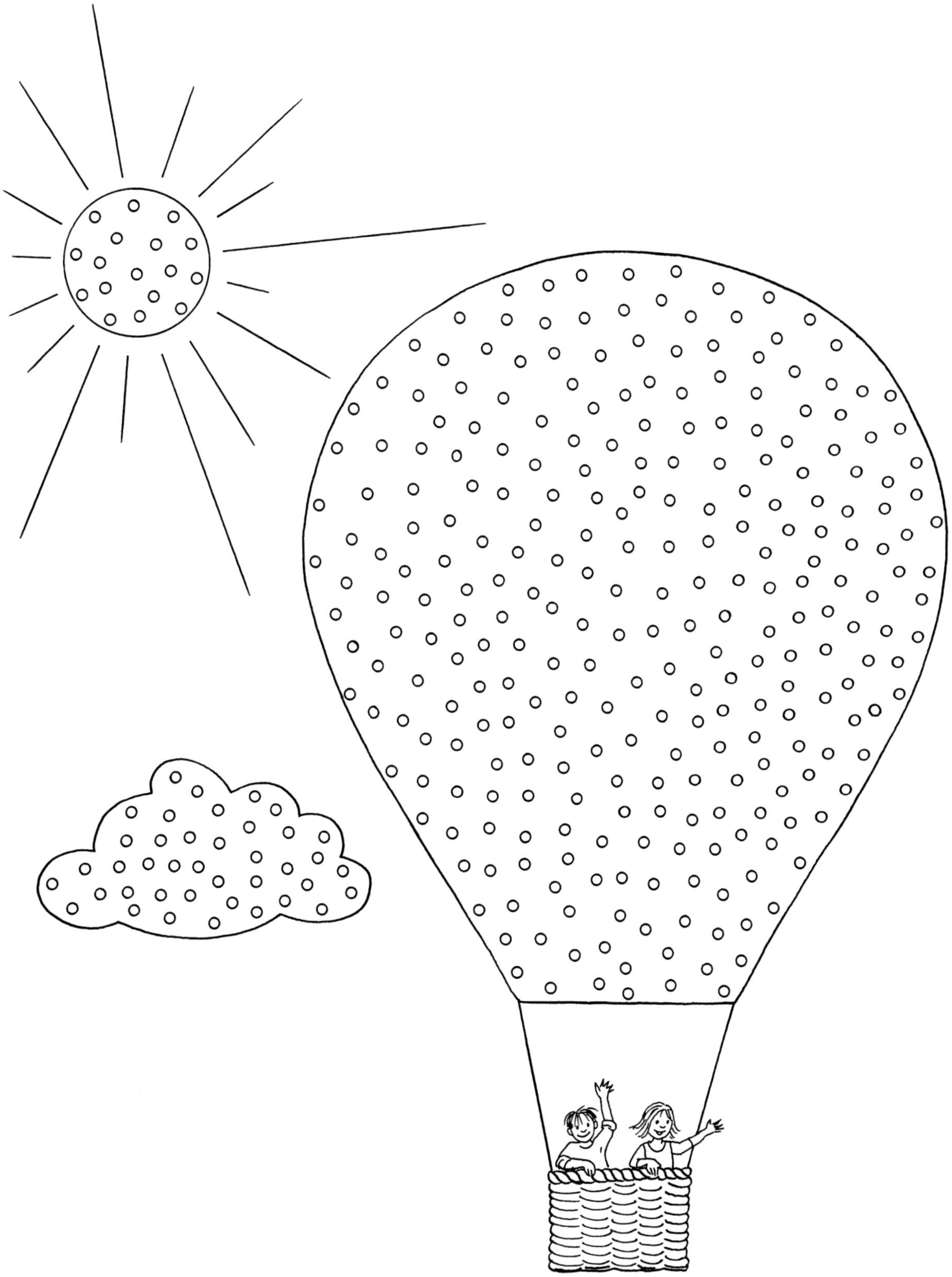

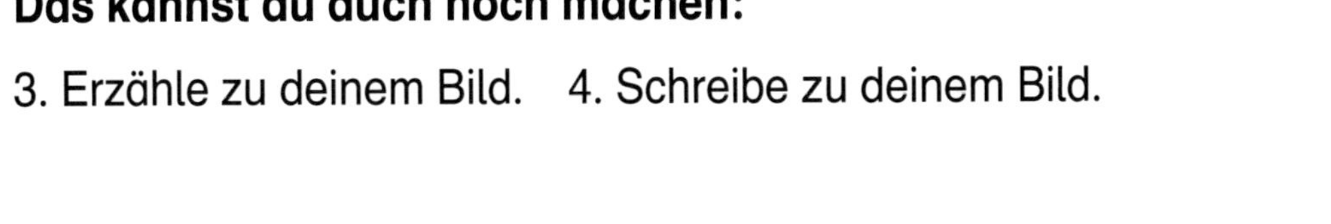

Das kannst du auch noch machen:

3. Erzähle zu deinem Bild. 4. Schreibe zu deinem Bild.

18 Dinosaurier

18 Dinosaurier

1. Klebe die Dinosaurier auf.
2. Male an und weiter.

Das kannst du auch noch machen:

3. Erzähle zu deinem Bild. 4. Schreibe zu deinem Bild.

1. Falte das Blatt an einer Linie nach hinten, dann nach vorne. Entfalte das Blatt. Falte das Blatt nun an einer anderen Linie.
2. Wie klappt es am besten? Beschreibe und zeige es.

1. Falte das Blatt an einer Linie nach hinten, dann nach vorne. Entfalte das Blatt. Falte das Blatt nun an einer anderen Linie.

2. Wie klappt es am besten? Beschreibe und zeige es.

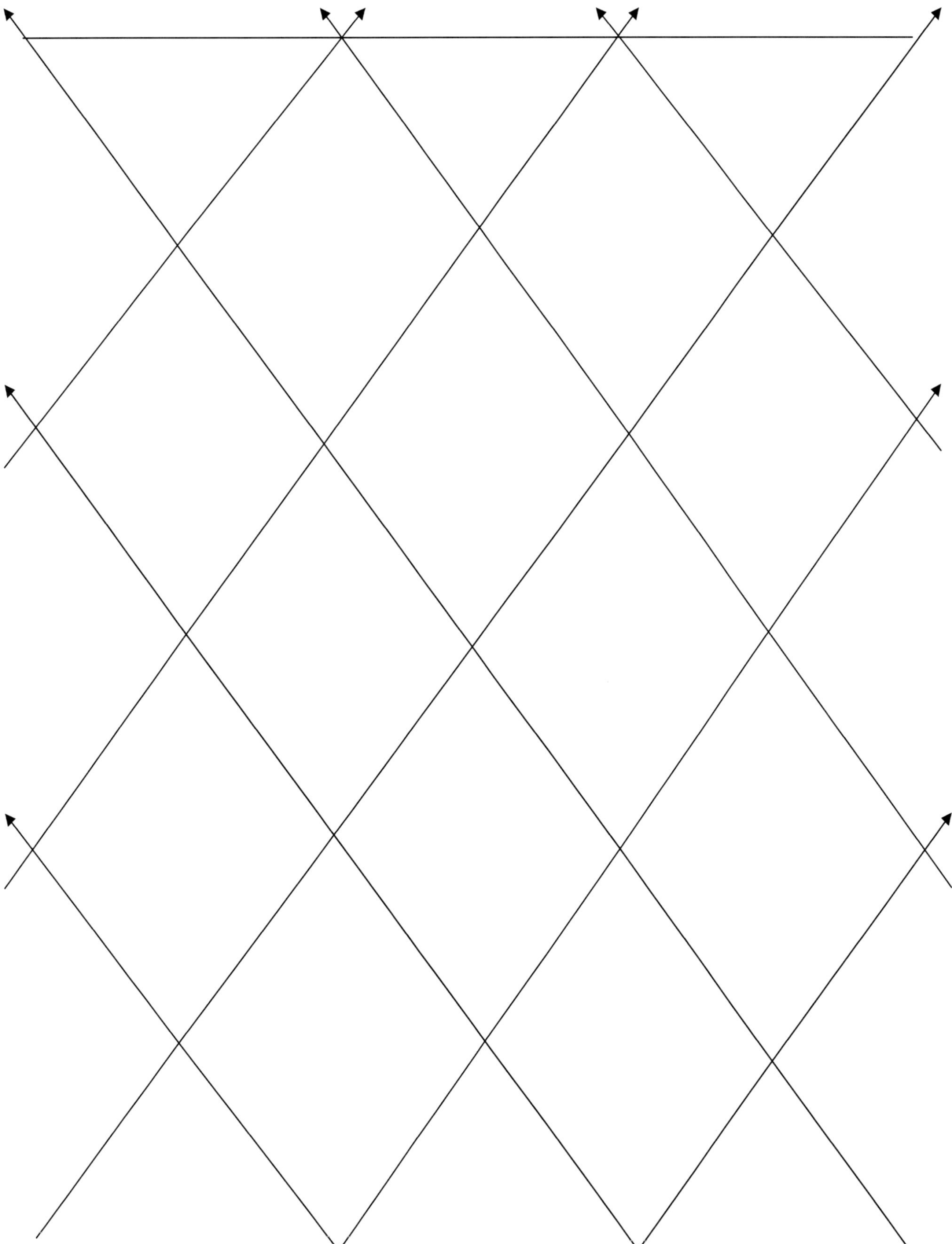

19 Türanhänger

1. Male den Türanhänger an und schneide ihn aus.
2. Beklebe die Innenflächen.
3. Falte die Innenflächen zusammen und hänge den Türanhänger an deine Tür.

Das kannst du auch noch machen:

4. Zeichne und bastele einen weiteren Türanhänger, z. B. für die Klotür.

20 Sterne

1. Falte das Sternen-Blatt in der Mitte zusammen.
2. Schneide die halben Sterne aus und falte sie auseinander.
3. Male den ganzen Mini- und Riesen-Stern an und hänge beide auf.

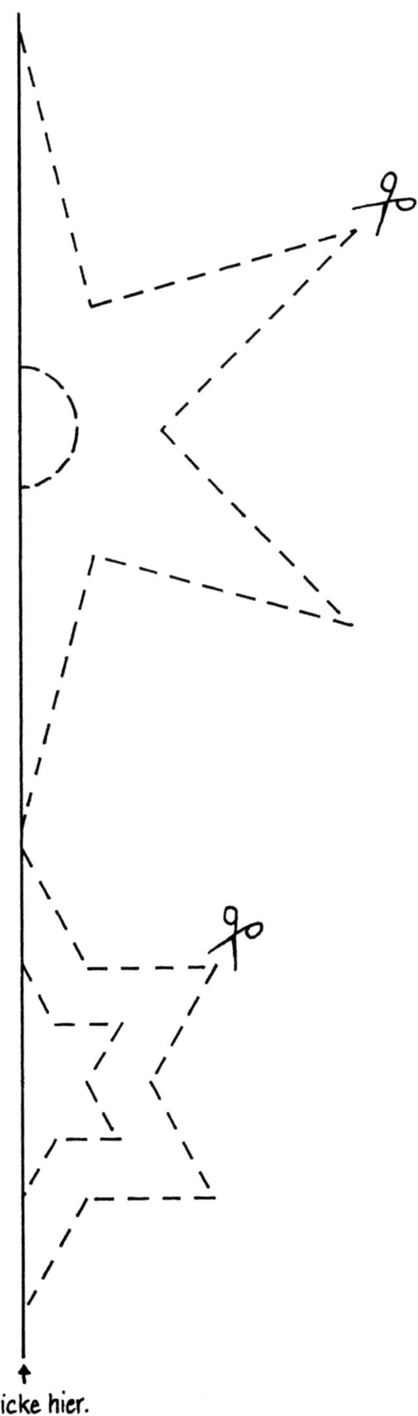

Das kannst du auch noch machen:

4. Zeichne und bastele auf diese Weise weitere Mini- und Riesen-Sterne, z. B. als Fensterschmuck.

21 Teddybär

1. Male den Teddybären und die Kleidung an und schneide alles aus.
   Achtung: Schneide die langen Faltstreifen an der Kleidung nicht ab!
2. Ziehe dem Teddy die Kleidung an: Lege die Kleidung auf den Teddybären und falte die Faltstreifen nach hinten.

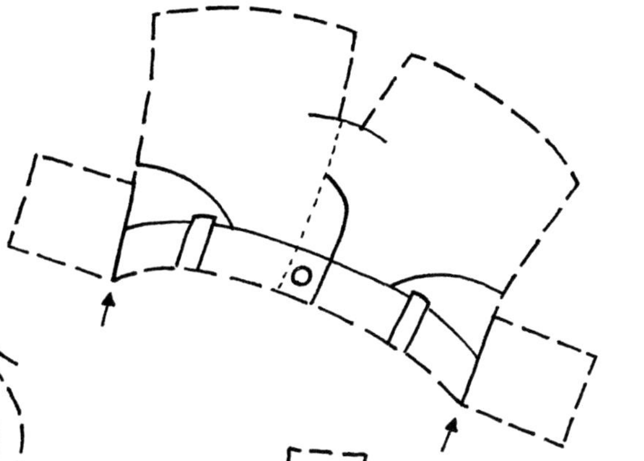

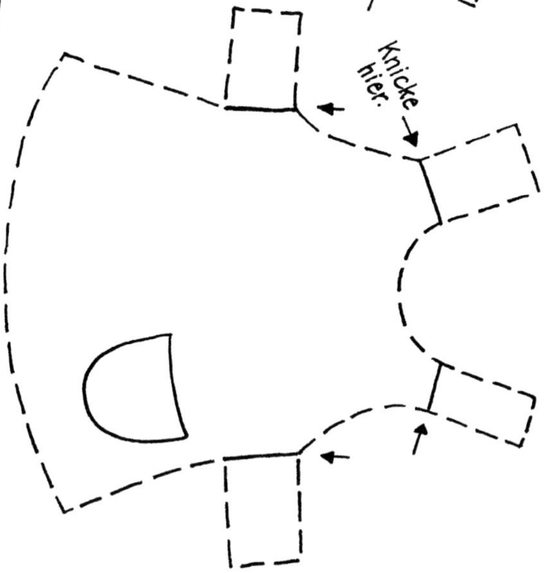

Knicke hier.

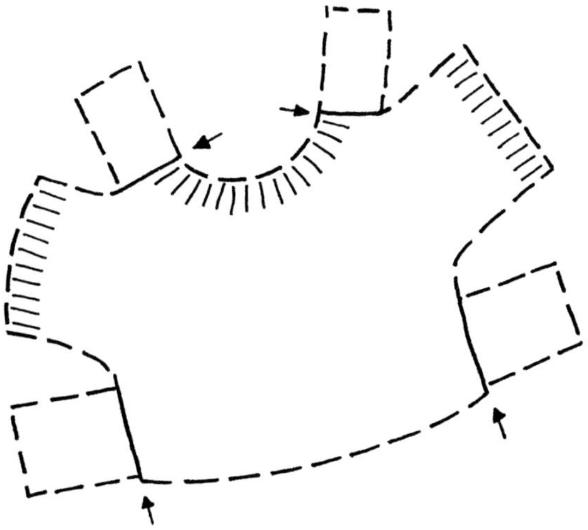

Das kannst du auch noch machen:

3. Zeichne und bastele auf diese Weise weitere Figuren und passende Kleidung: Fußballer, Reiterin, Sänger usw.

22 Briefumschlag

1. Male den Briefumschlag an und schneide ihn aus.
2. Beklebe die Klebeflächen und falte ihn zusammen.
3. Schreibe einen Brief an Oma, Opa, Tante oder Onkel und lege ihn in den Briefumschlag.
4. Schreibe die Adresse und deinen Absender auf den Briefumschlag. Wenn du den Brief verschicken willst, musst du eine 58-Cent-Briefmarke aufkleben.

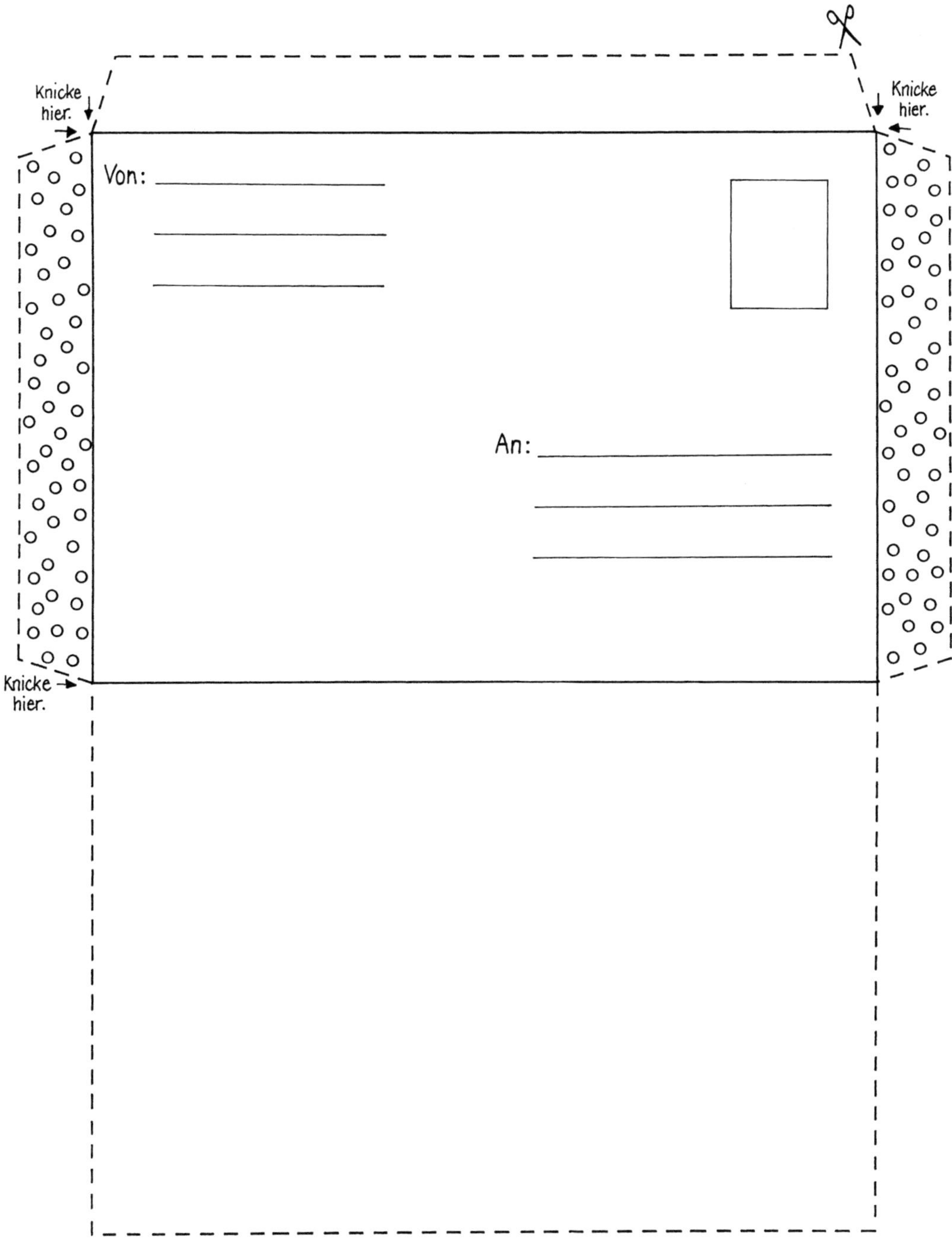

Das kannst du auch noch machen:

5. Zeichne und bastele auf diese Weise einen weiteren Brief an einen Mitschüler.

23 Torwand

1. Schneide die Torwand und die Löcher aus.
2. Male die Torwand an und falte sie.
3. Stelle die Torwand auf, drehe mehrere Papierkugeln und übe das Schießen auf die Torwand. Spiele nun gegen einen Mitschüler. Wer erzielt mehr Treffer?

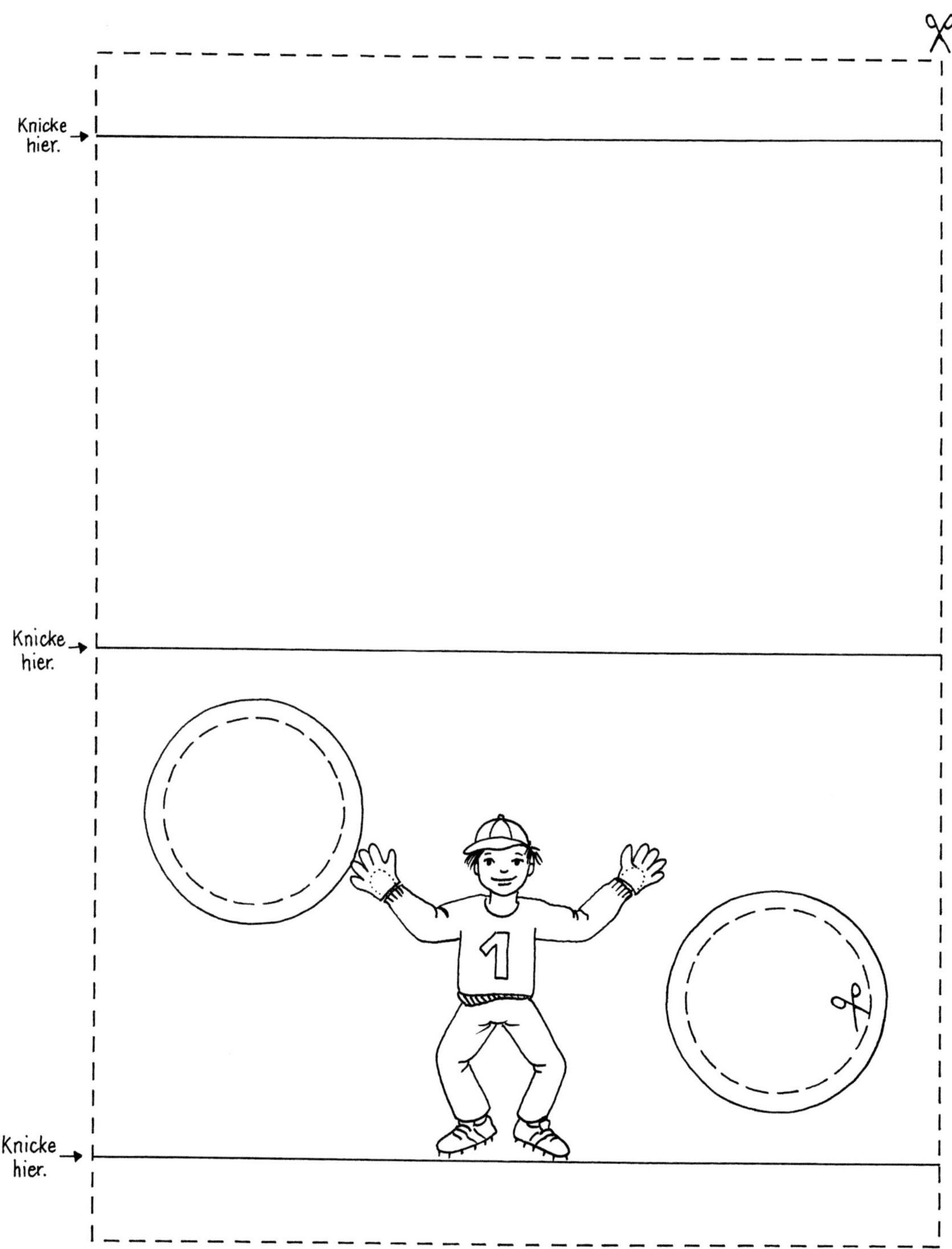

Das kannst du auch noch machen:

4. Zeichne und bastele auf diese Weise einen Basketballkorb, Tisch-Minigolf-Bahnen usw.

24 Glückswürfel

1. Male den Glückswürfel an (z. B. mit einem vierblättrigen Kleeblatt, einem Glücksschwein, einem Schornsteinfeger …) und schneide ihn aus.
2. Beklebe die Klebeflächen und falte ihn zusammen.
3. Würfele.

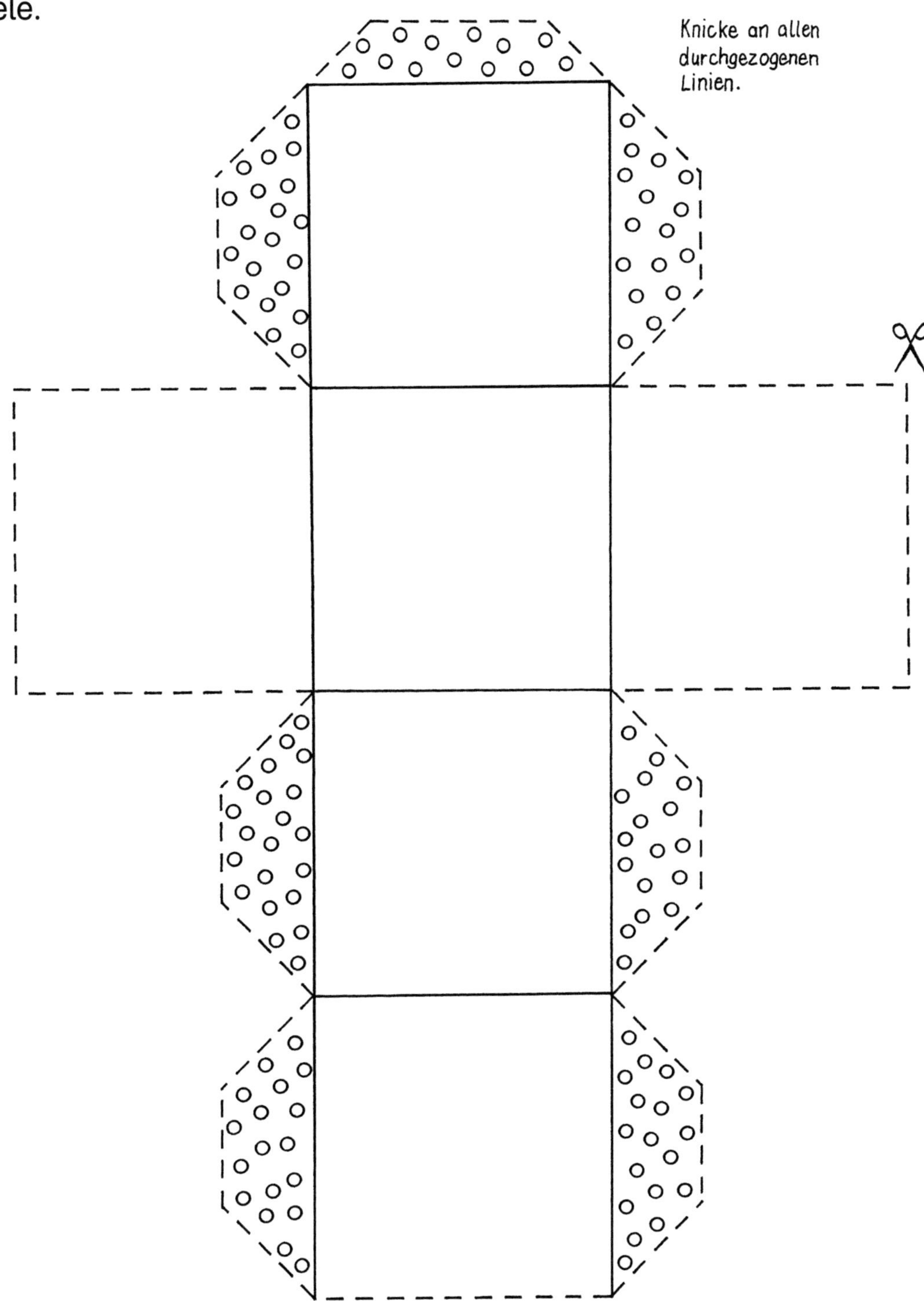

Das kannst du auch noch machen:

4. Zeichne und bastele auf diese Weise einen Zahlen-Spielwürfel, Wünsche-Würfel, Horoskop-Würfel usw.

 (Bitte auf DIN A3 kopieren.)

Schneide die Kärtchen aus und spiele Memo.

Blanko-Bastelvorlage: Memo

(Bitte auf DIN A3 kopieren.)

1. Male in jeweils zwei Kästchen das gleiche Bild. Beispiel: Groß- und Kleinbuchstaben.
2. Schneide die Kärtchen aus und spiele Memo.

Schneide die Kärtchen aus und spiele Domino.

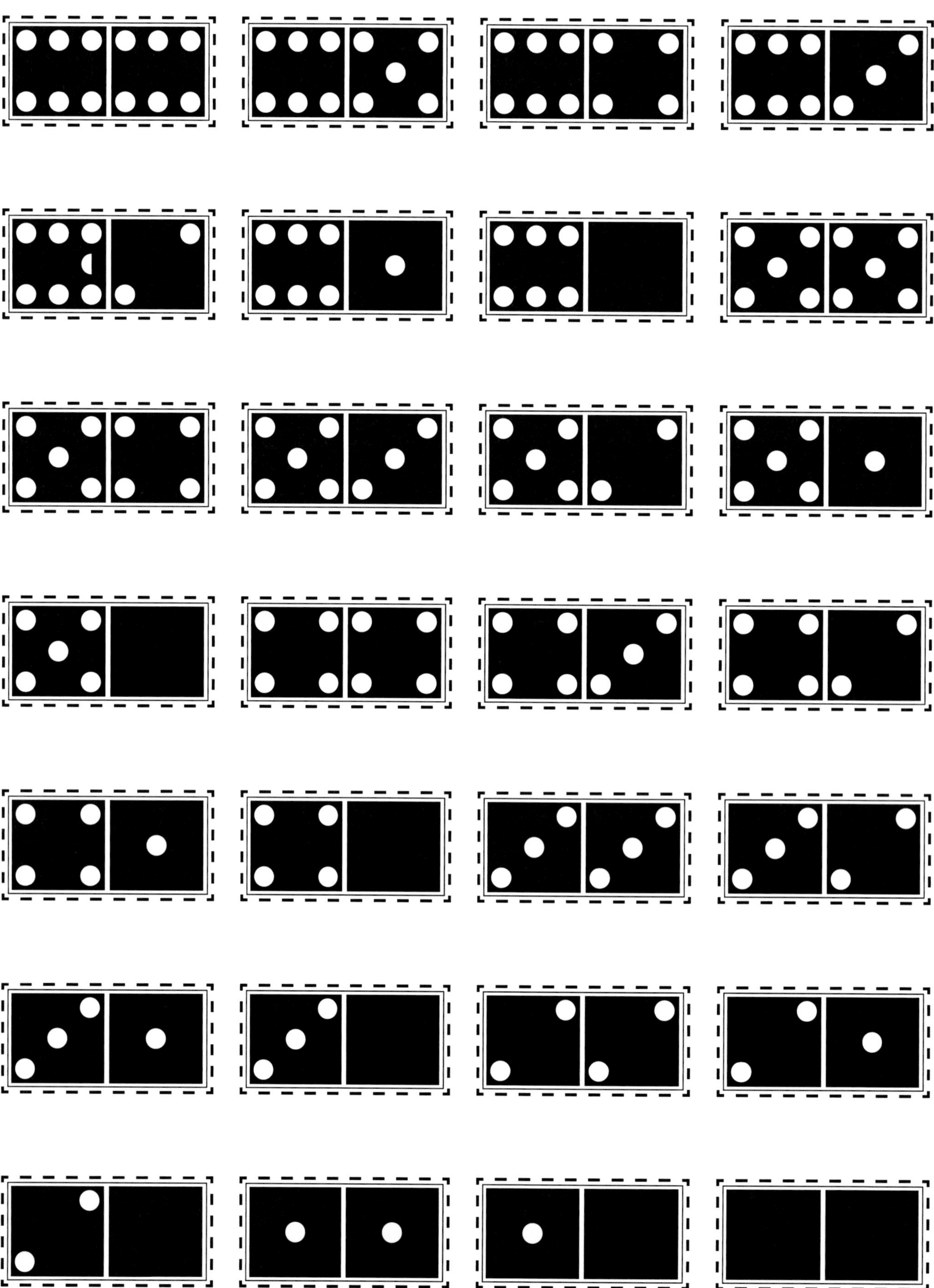

1. Male in jedes Kästchen zwei Bilder. Achte darauf, dass die Nachbarkästchen entweder das gleiche Bild haben oder zusammengehören. Beispiele: Wort + Bild, Zahlen + Rechenaufgaben.
2. Schneide die Kärtchen aus und spiele Domino.

Schneide die Puzzleteile aus und puzzle es wieder zusammen.
Schafft es ein Mitschüler?

1. Male ein Bild auf das Puzzle. Achte darauf, dass du in jedes Puzzleteil etwas malst.
2. Schneide die Puzzleteile aus und puzzle es wieder zusammen.
   Schafft es ein Mitschüler?

Schneide die Puzzleteile aus und puzzle es wieder zusammen.
Schafft es ein Mitschüler?

Blanko-Bastelvorlage: Schweres Puzzle

(Bitte auf DIN A3 kopieren.)

1. Male ein Bild auf das Puzzle. Achte darauf, dass du in jedes Puzzleteil etwas malst.
2. Schneide die Puzzleteile aus und puzzle es wieder zusammen. Schafft es ein Mitschüler?

Bastelvorlage: Figuren und Kulisse für Mini-Theater

(Bitte auf DIN A3 kopieren.)

Schneide die Figuren und die Kulisse aus. Male an. Falte sie. Spiele ein Mini-Theaterstück (vor).

Figuren

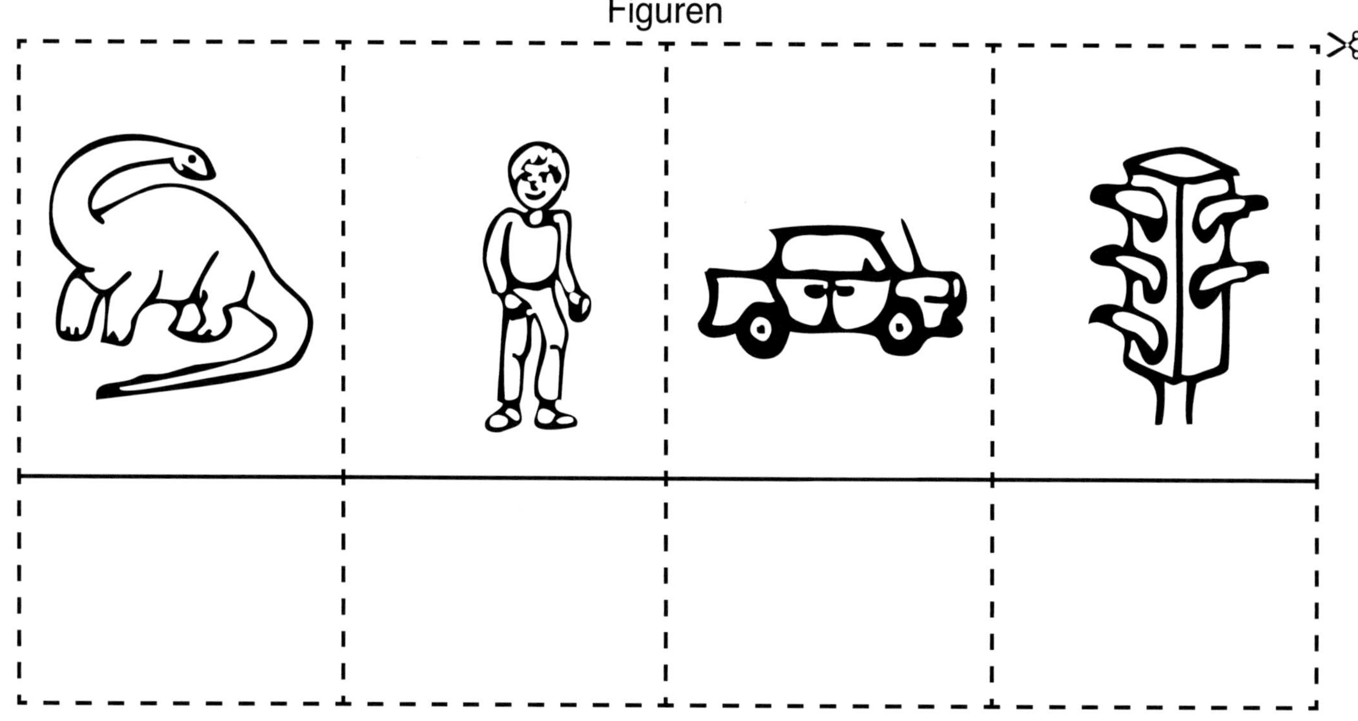

Kulisse

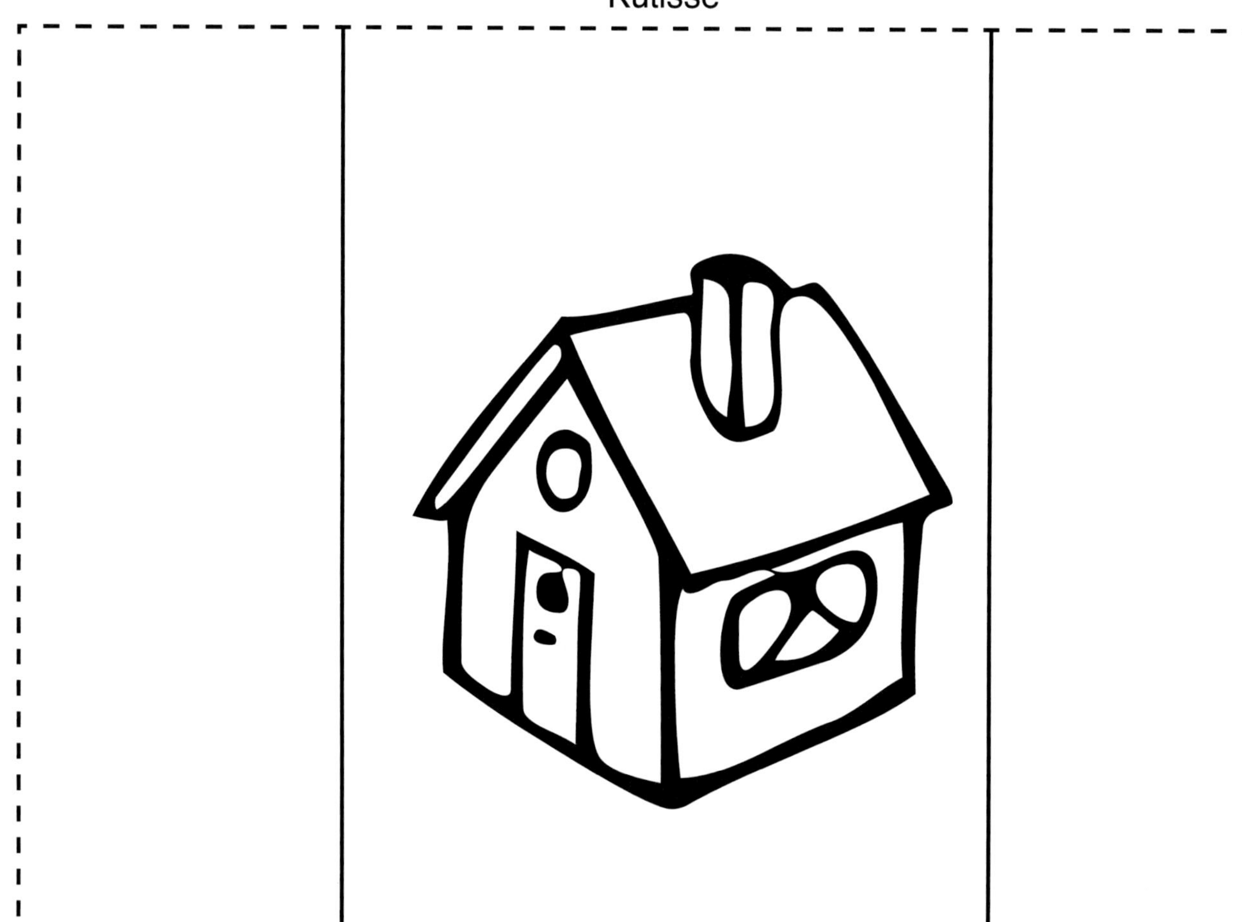

Blanko-Bastelvorlage: Figuren und Kulisse für Mini-Theater

(Bitte auf DIN A3 kopieren.)

1. Male Figuren und eine Kulisse. Beispiele: Hexe, Riese, Junge, Mädchen, Wald.
2. Schneide die Figuren und die Kulisse aus. Falte sie. Spiele ein Mini-Theaterstück (vor).

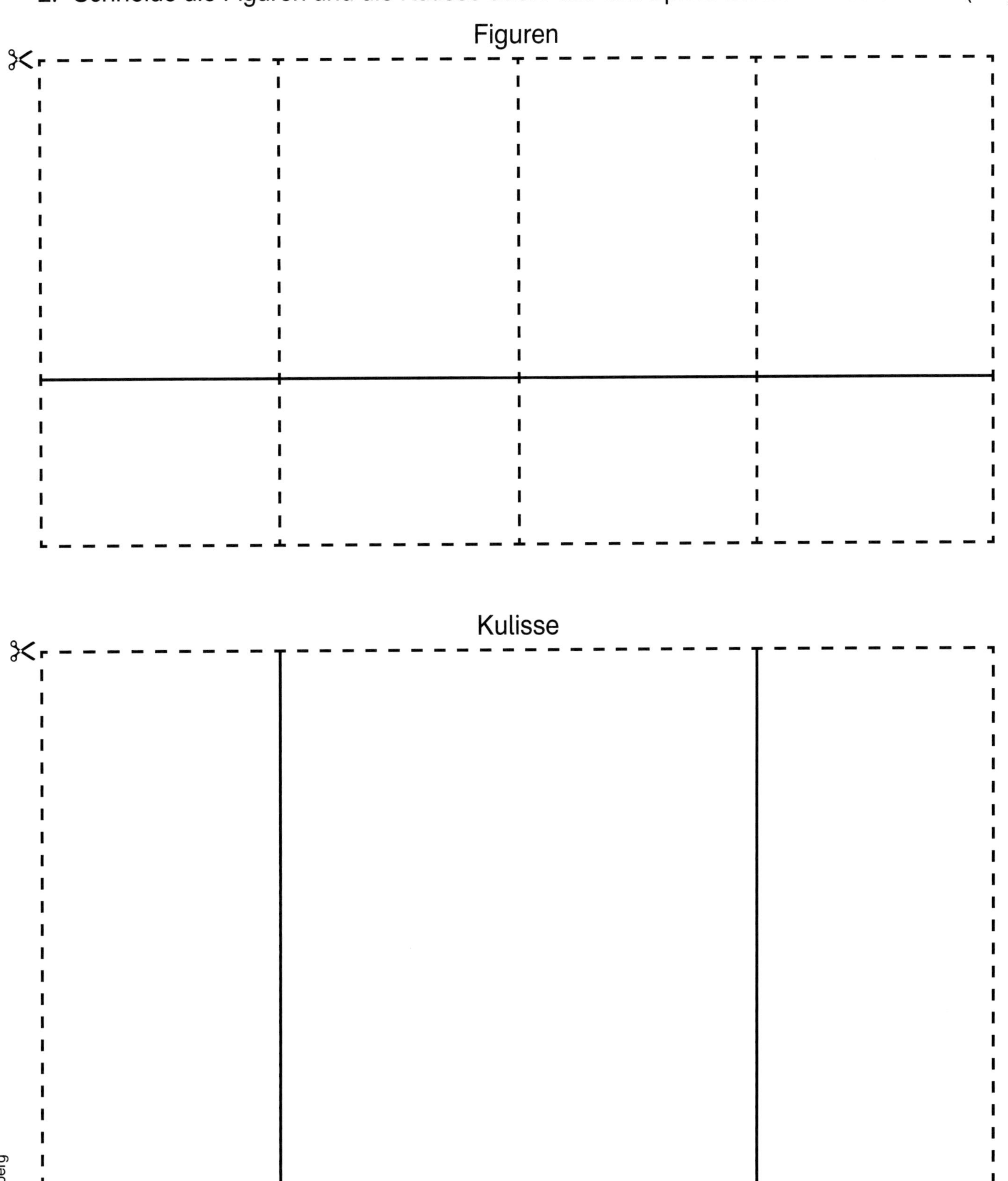

Generalprobe-Bastelseite

Kleidung:

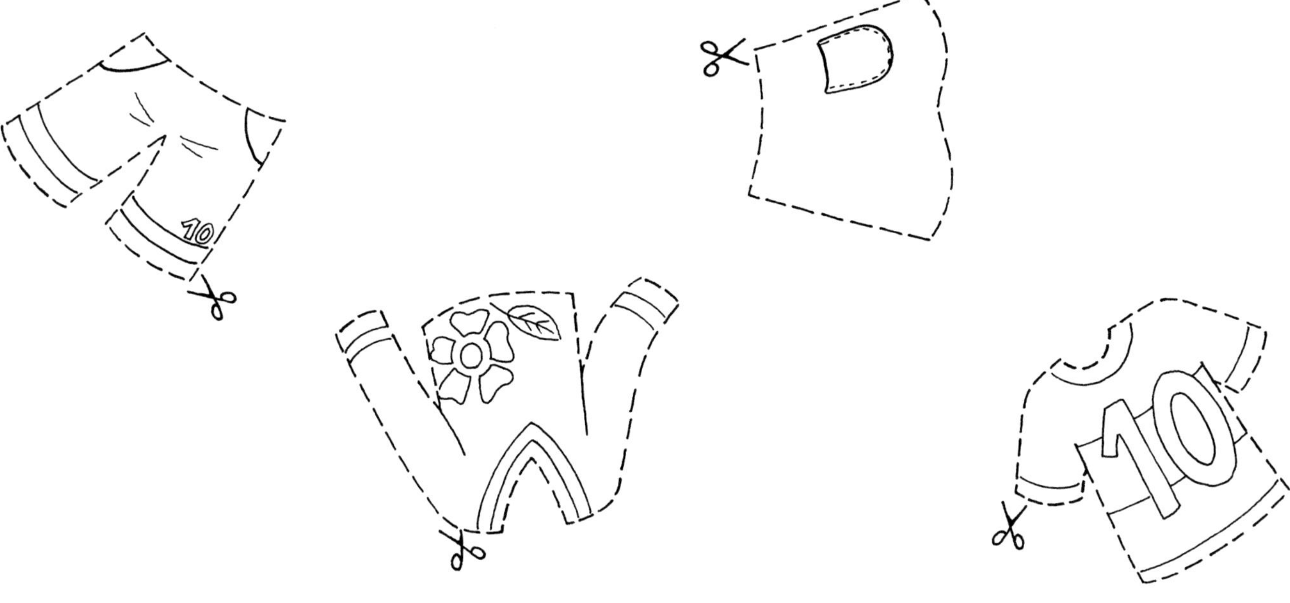

Frisuren:

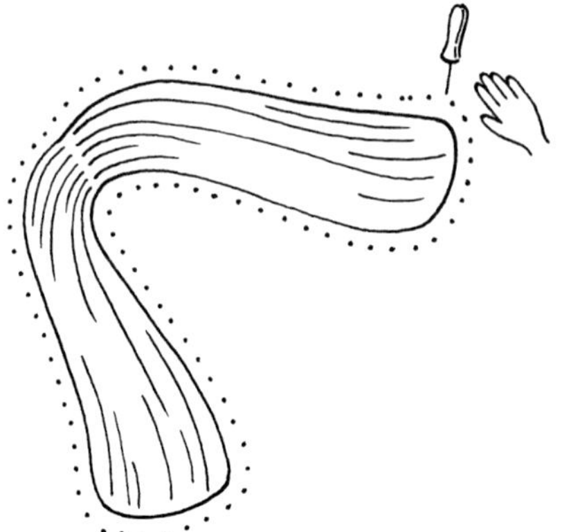

(Bitte mit der Generalprobe-Bastelseite, S. 66, verteilen.)

Generalprobe

Name: ______________________________

1. Nimm ein Blatt und falte es so, wie es dir die ersten drei Faltbilder zeigen. Nimm ein zweites Blatt und falte das letzte Faltbild. Dein Tischnachbar malt neben jedes Faltbild, das du geschafft hast, ein Lachgesicht.

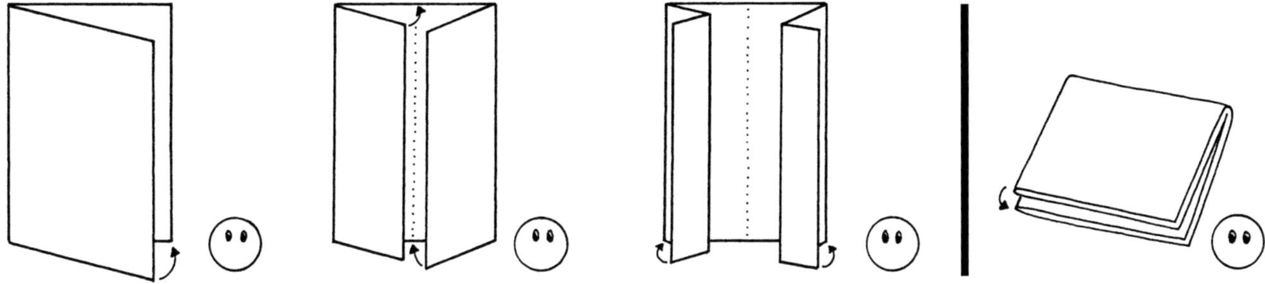

2. Schneide die Kleidung von der Generalprobe-Bastelseite aus und klebe sie auf.
3. Reiße die Frisuren von der Generalprobe-Bastelseite aus und klebe sie auf.

Tipps: ______________________________

____

Prüfungs-Bastelseite

Monster:

Partyschmuck:

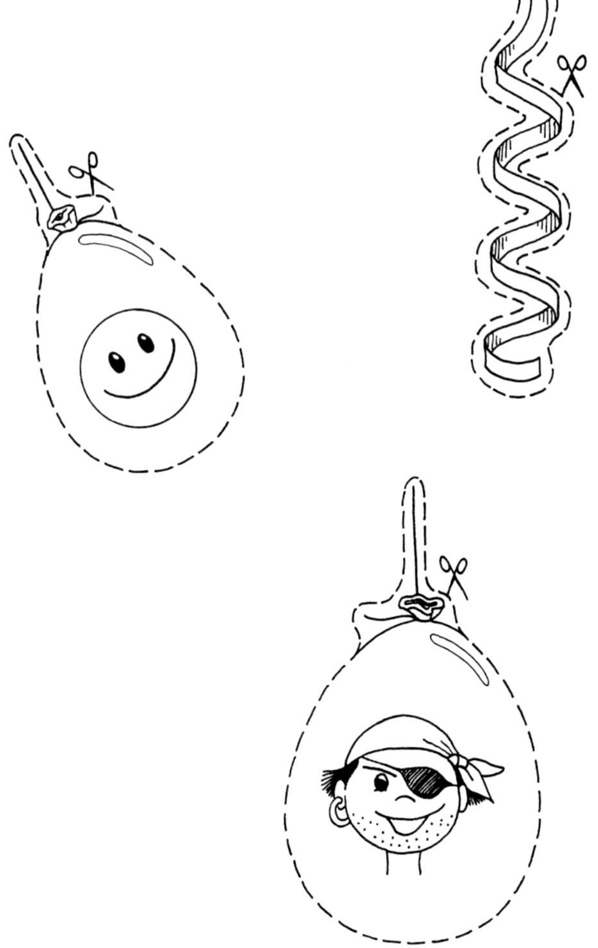

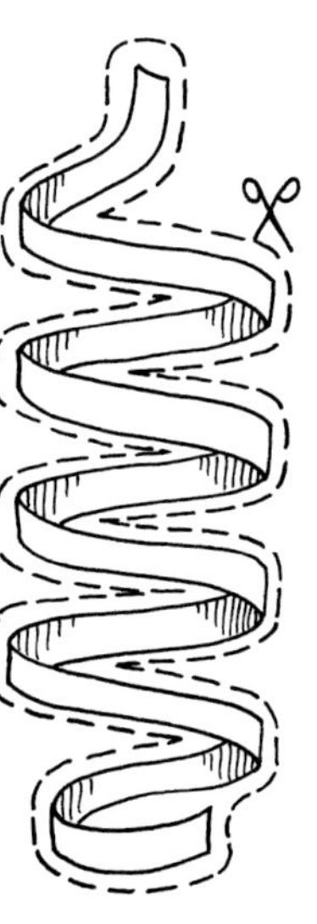

(Bitte mit der Prüfungs-Bastelseite, S. 68, verteilen.)

Prüfung

Name: ______________________________

1. Nimm ein Blatt und falte es so, wie es dir die ersten drei Faltbilder zeigen. Nimm ein zweites Blatt und falte das letzte Faltbild. Dein Tischnachbar malt neben jedes Faltbild, das du geschafft hast, ein Lachgesicht.

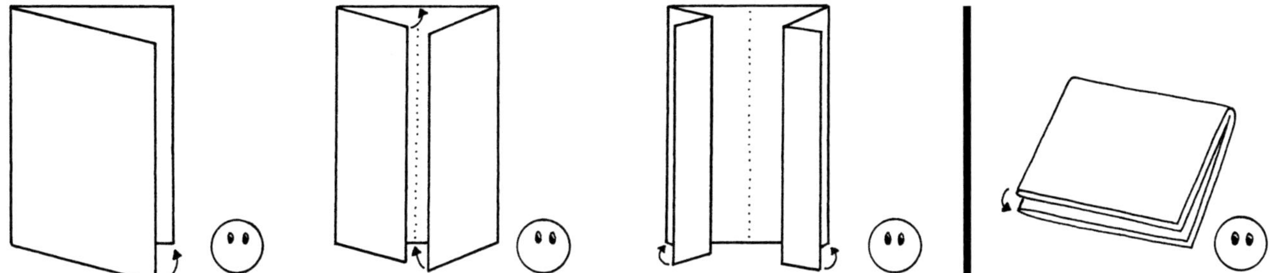

2. Reiße die Monster von der Prüfungs-Bastelseite aus und klebe sie auf.
3. Schneide den Partyschmuck von der Prüfungs-Bastelseite aus und klebe ihn auf.

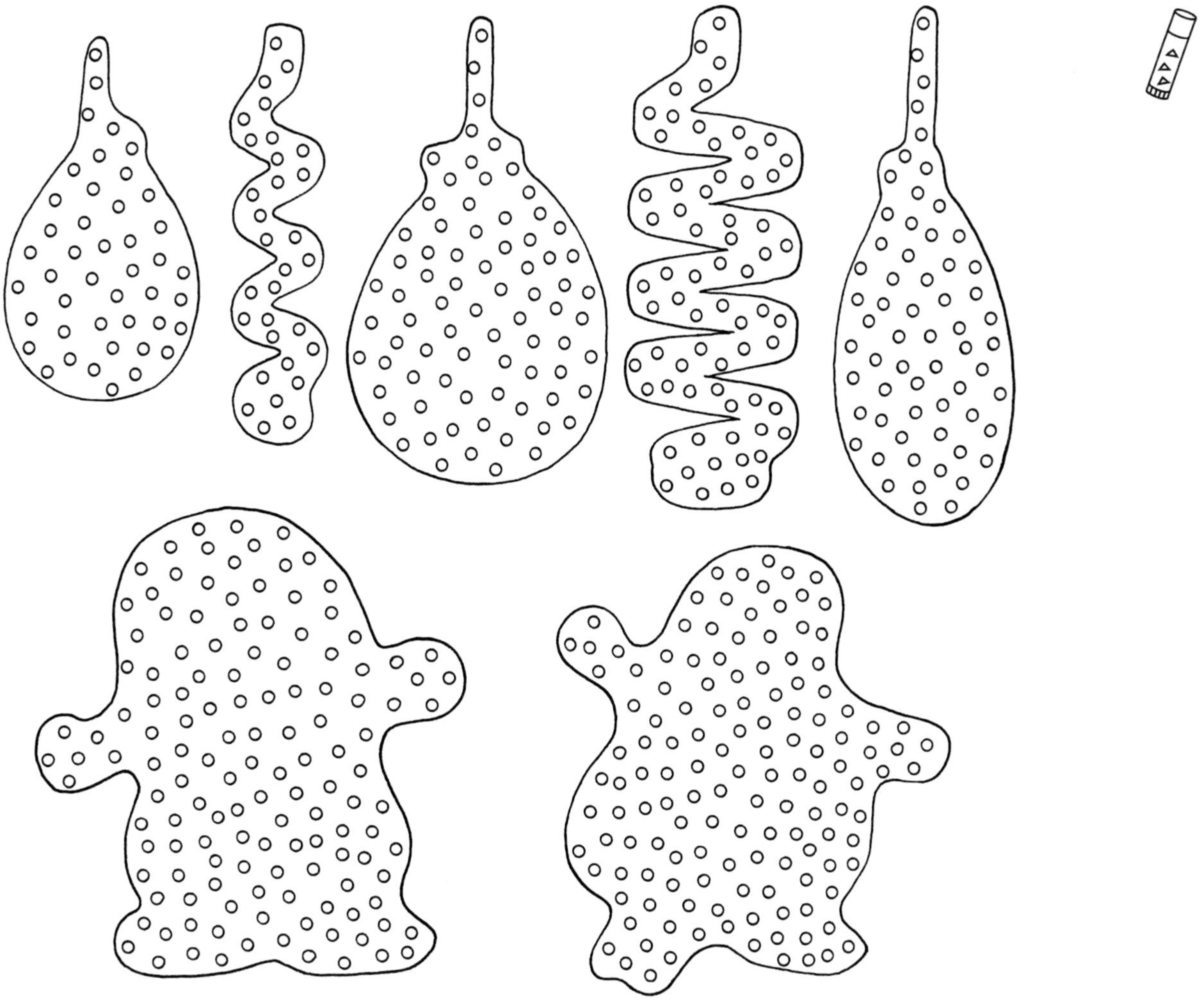

Du hast die Prüfung ☐ gut bestanden. ☐ bestanden. ☐ noch nicht bestanden.

Datum, Unterschrift: ______________________________

1. Male das Konfetti an und schneide es aus, wenn dir dein Lehrer den unterschriebenen Bastel-Führerschein und die Urkunde überreicht.
2. Auf ein Startzeichen deines Lehrers wirfst du dein Konfetti unter fröhlichem Jubelgeschrei in die Luft.
3. Fege das Konfetti zusammen und wirf es in den Papierkorb.

Urkunde

für

____

Du hast viele Bastelaufgaben gut gemeistert
und die Prüfung bestanden.

Du kannst Papier schneiden, kleben, reißen und falten.
Toll! Weiter so!

______________________ ______________________

Ort, Datum Unterschrift

Bastelfähigkeiten von ______________________

Ist-Stand Datum: ____________

____
____
____
____
____
____

Während der Arbeit mit dem Bastel-Führerschein Zeitraum: ____________

____
____
____
____
____
____

Nach der Arbeit mit dem Bastel-Führerschein Datum: ____________

____
____
____
____
____
____

Fazit: Stärken und Schwächen des Kindes Datum: ____________

____
____
____
____

Ihr Pädagogik-Partner!

Bernd Wehren

Der Flüster-Führerschein

für eine ruhige und friedliche Atmosphäre in Klassenzimmer und Schule

64 S., DIN A4,
Kopiervorlagen,
32 Flüster-Führerscheine
Best.-Nr. 096

Klassensatz farbiger Flüster-Führerscheine

8 Bögen mit je 4 Führerscheinen
Best.-Nr. 102

Diese **differenzierten Arbeitsblätter** unterstützen Ihre Schüler, leise und friedlich miteinander zu reden, zu spielen und zu arbeiten. Der Flüster-Führerschein motiviert sie, ihr Verhalten über einen längeren Zeitraum zu beobachten, zu reflektieren und testen zu lassen.

Bernd Wehren

Der Zeichengeräte-Führerschein

Übungsmaterial zu Lineal, Geodreieck und Zirkel

3./4. Klasse

72 S., DIN A4,
Kopiervorlagen mit Lösungen,
32 Zeichengeräte-Führerscheine
Best.-Nr. 098

Klassensatz farbiger Zeichengeräte-Führerscheine

8 Bögen mit je 4 Führerscheinen
Best.-Nr. 113

Die **spielerischen Zeichenübungen** und **konkreten Aufgaben** des Bandes zum Umgang mit Lineal, Zirkel und Geodreieck lassen Ihre Schüler/-innen immer sicherer in der Handhabung mit den Zeichengeräten werden.

Bernd Wehren

Der Einmaleins-Führerschein

Kleines Einmaleins

Verstehen – Üben – Festigen

2./3. Klasse

Buch mit 32 Führerscheinen

88 S., DIN A4,
Kopiervorlagen mit Lösungen
Best.-Nr. 097

Klassensatz farbiger Führerscheine

8 Bögen mit je 4 Führerscheinen
Best.-Nr. 103

Großes Einmaleins

Verstehen – Üben – Festigen

ab Klasse 3

Buch mit 32 Führerscheinen

96 S., DIN A4,
Kopiervorlagen mit Lösungen
Best.-Nr. 156

Klassensatz farbiger Führerscheine

8 Bögen mit je 4 Führerscheinen
Best.-Nr. 170

Das Einmaleins gehört zu den wichtigsten Lerninhalten des Mathematikunterrichts. Mithilfe diesen Kopiervorlagen lernen die Kinder **Schritt für Schritt** das kleine und große Einmaleins von der konkreten Bildebene über die ikonische Darstellung in Punkten zur symbolischen Ebene. **Handlungsorientiertes, spielerisches Lernen** sowie das Lernen mit vielen Sinnen stehen hier im Vordergrund.

Bestellcoupon

Ja, bitte senden Sie mir / uns mit Rechnung

_____Expl. Best.-Nr. ____________________

_____Expl. Best.-Nr. ____________________

_____Expl. Best.-Nr. ____________________

Meine Anschrift lautet:

Name / Vorname

Straße

PLZ / Ort

E-Mail

Datum/Unterschrift   Telefon (für Rückfragen)

Bitte kopieren und einsenden/faxen an:

Brigg Verlag
Claudine Büchler
Beilingerstr. 21
86316 Friedberg

Bequem bestellen per Telefon / Fax:
Tel.: 0 89/61 38 71 27
Fax: 0 89/61 38 71 20
Online: www.brigg-verlag.de

Du hast viele Bastelaufgaben gut gemeistert und die Prüfung bestanden.

Du kannst Papier schneiden, kleben, reißen und falten.

Datum und Unterschrift

Der Bastel-Führerschein

Diese Bastelaufgaben habe ich gemacht:

Schneiden und kleben

1	2
3	4
5	6
7	8
9	10
11	12
13	

Reißen und kleben

14	15
16	17
18	

Falten und kleben

19	20
21	22
23	24

Du hast viele Bastelaufgaben gut gemeistert und die Prüfung bestanden.

Du kannst Papier schneiden, kleben, reißen und falten.

Datum und Unterschrift

Der Bastel-Führerschein

Diese Bastelaufgaben habe ich gemacht:

Schneiden und kleben

1	2
3	4
5	6
7	8
9	10
11	12
13	

© Brigg Verlag KG, Friedberg · Best.Nr. 168 (Buch), 169 (Führerscheine)

Reißen und kleben

14	15
16	17
18	

Falten und kleben

19	20
21	22
23	24

Du hast viele Bastelaufgaben gut gemeistert und die Prüfung bestanden.

Du kannst Papier schneiden, kleben, reißen und falten.

____

Datum und Unterschrift

Der Bastel-Führerschein

Diese Bastelaufgaben habe ich gemacht:

Schneiden und kleben

1 ☺ 2 ☺
3 ☺ 4 ☺
5 ☺ 6 ☺
7 ☺ 8 ☺
9 ☺ 10 ☺
11 ☺ 12 ☺
13 ☺

Reißen und kleben

14 ☺ 15 ☺
16 ☺ 17 ☺
18 ☺

Falten und kleben

19 ☺ 20 ☺
21 ☺ 22 ☺
23 ☺ 24 ☺

Du hast viele Bastelaufgaben gut gemeistert und die Prüfung bestanden.

Du kannst Papier schneiden, kleben, reißen und falten.

____

Datum und Unterschrift

Der Bastel-Führerschein

Diese Bastelaufgaben habe ich gemacht:

Schneiden und kleben

1 ☺ 2 ☺
3 ☺ 4 ☺
5 ☺ 6 ☺
7 ☺ 8 ☺
9 ☺ 10 ☺
11 ☺ 12 ☺
13 ☺

Reißen und kleben

14 ☺ 15 ☺
16 ☺ 17 ☺
18 ☺

Falten und kleben

19 ☺ 20 ☺
21 ☺ 22 ☺
23 ☺ 24 ☺

Du hast viele Bastelaufgaben gut gemeistert und die Prüfung bestanden.

Du kannst Papier schneiden, kleben, reißen und falten.

Datum und Unterschrift

Der Bastel-Führerschein

Diese Bastelaufgaben habe ich gemacht:

Schneiden und kleben

1 ◯ 2 ◯
3 ◯ 4 ◯
5 ◯ 6 ◯
7 ◯ 8 ◯
9 ◯ 10 ◯
11 ◯ 12 ◯
13 ◯

Reißen und kleben

14 ◯ 15 ◯
16 ◯ 17 ◯
18 ◯

Falten und kleben

19 ◯ 20 ◯
21 ◯ 22 ◯
23 ◯ 24 ◯

Du hast viele Bastelaufgaben gut gemeistert und die Prüfung bestanden.

Du kannst Papier schneiden, kleben, reißen und falten.

Datum und Unterschrift

Der Bastel-Führerschein

Diese Bastelaufgaben habe ich gemacht:

Schneiden und kleben

1 ◯ 2 ◯
3 ◯ 4 ◯
5 ◯ 6 ◯
7 ◯ 8 ◯
9 ◯ 10 ◯
11 ◯ 12 ◯
13 ◯

© Brigg Verlag KG, Friedberg · Best.Nr. 168 (Buch), 169 (Führerscheine)

Reißen und kleben

14 ◯ 15 ◯
16 ◯ 17 ◯
18 ◯

Falten und kleben

19 ◯ 20 ◯
21 ◯ 22 ◯
23 ◯ 24 ◯

Du hast viele Bastelaufgaben gut gemeistert und die Prüfung bestanden.

Du kannst Papier schneiden, kleben, reißen und falten.

Datum und Unterschrift

Der Bastel-Führerschein

Diese Bastelaufgaben habe ich gemacht:

Schneiden und kleben	
1 ◌	2 ◌
3 ◌	4 ◌
5 ◌	6 ◌
7 ◌	8 ◌
9 ◌	10 ◌
11 ◌	12 ◌
13 ◌	

Reißen und kleben	
14 ◌	15 ◌
16 ◌	17 ◌
18 ◌	

Falten und kleben	
19 ◌	20 ◌
21 ◌	22 ◌
23 ◌	24 ◌

Du hast viele Bastelaufgaben gut gemeistert und die Prüfung bestanden.

Du kannst Papier schneiden, kleben, reißen und falten.

Datum und Unterschrift

Der Bastel-Führerschein

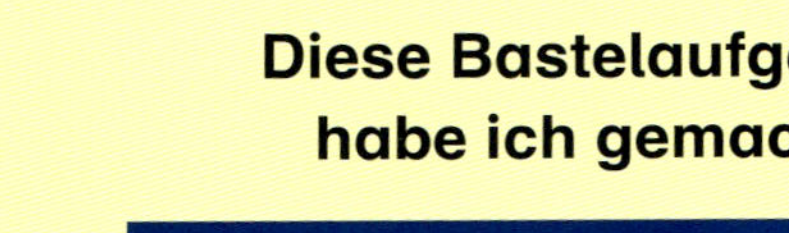

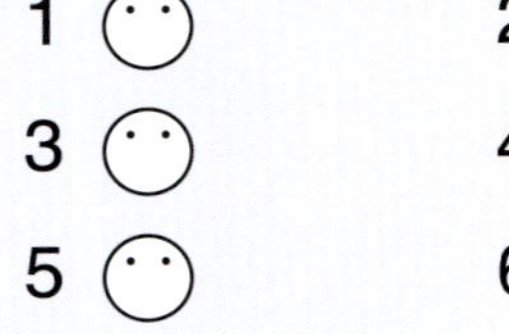

Diese Bastelaufgaben habe ich gemacht:

Schneiden und kleben	
1 ◌	2 ◌
3 ◌	4 ◌
5 ◌	6 ◌
7 ◌	8 ◌
9 ◌	10 ◌
11 ◌	12 ◌
13 ◌	

© Brigg Verlag KG, Friedberg · Best.Nr. 168 (Buch), 169 (Führerscheine)

Reißen und kleben	
14 ◌	15 ◌
16 ◌	17 ◌
18 ◌	

Falten und kleben	
19 ◌	20 ◌
21 ◌	22 ◌
23 ◌	24 ◌

Du hast viele Bastelaufgaben gut gemeistert und die Prüfung bestanden.

Du kannst Papier schneiden, kleben, reißen und falten.

Datum und Unterschrift

Der Bastel-Führerschein

Diese Bastelaufgaben habe ich gemacht:

Schneiden und kleben

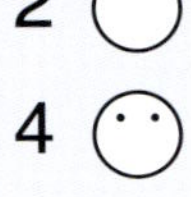

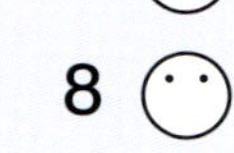

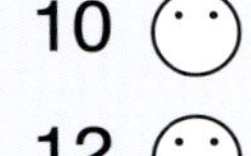

1 ☺ 2 ☺
3 ☺ 4 ☺
5 ☺ 6 ☺
7 ☺ 8 ☺
9 ☺ 10 ☺
11 ☺ 12 ☺
13 ☺

Reißen und kleben

14 ☺ 15 ☺
16 ☺ 17 ☺
18 ☺

Falten und kleben

19 ☺ 20 ☺
21 ☺ 22 ☺
23 ☺ 24 ☺

Du hast viele Bastelaufgaben gut gemeistert und die Prüfung bestanden.

Du kannst Papier schneiden, kleben, reißen und falten.

Datum und Unterschrift

Der Bastel-Führerschein

Diese Bastelaufgaben habe ich gemacht:

Schneiden und kleben

1 ☺ 2 ☺
3 ☺ 4 ☺
5 ☺ 6 ☺
7 ☺ 8 ☺
9 ☺ 10 ☺
11 ☺ 12 ☺
13 ☺

Reißen und kleben

14 ☺ 15 ☺
16 ☺ 17 ☺
18 ☺

Falten und kleben

19 ☺ 20 ☺
21 ☺ 22 ☺
23 ☺ 24 ☺

© Brigg Verlag KG, Friedberg · Best.Nr. 168 (Buch), 169 (Führerscheine)

Du hast viele Bastelaufgaben gut gemeistert und die Prüfung bestanden.

Du kannst Papier schneiden, kleben, reißen und falten.

Datum und Unterschrift

Der Bastel-Führerschein

Diese Bastelaufgaben habe ich gemacht:

Schneiden und kleben

1 ☺	2 ☺
3 ☺	4 ☺
5 ☺	6 ☺
7 ☺	8 ☺
9 ☺	10 ☺
11 ☺	12 ☺
13 ☺	

Reißen und kleben

14 ☺	15 ☺
16 ☺	17 ☺
18 ☺	

Falten und kleben

19 ☺	20 ☺
21 ☺	22 ☺
23 ☺	24 ☺

Du hast viele Bastelaufgaben gut gemeistert und die Prüfung bestanden.

Du kannst Papier schneiden, kleben, reißen und falten.

Datum und Unterschrift

Der Bastel-Führerschein

Diese Bastelaufgaben habe ich gemacht:

Schneiden und kleben

1 ☺	2 ☺
3 ☺	4 ☺
5 ☺	6 ☺
7 ☺	8 ☺
9 ☺	10 ☺
11 ☺	12 ☺
13 ☺	

Reißen und kleben

14 ☺	15 ☺
16 ☺	17 ☺
18 ☺	

Falten und kleben

19 ☺	20 ☺
21 ☺	22 ☺
23 ☺	24 ☺

Du hast viele Bastelaufgaben gut gemeistert und die Prüfung bestanden.

Du kannst Papier schneiden, kleben, reißen und falten.

Datum und Unterschrift

Der Bastel-Führerschein

Diese Bastelaufgaben habe ich gemacht:

Schneiden und kleben	
1	2
3	4
5	6
7	8
9	10
11	12
13	

Reißen und kleben	
14	15
16	17
18	

Falten und kleben	
19	20
21	22
23	24

Du hast viele Bastelaufgaben gut gemeistert und die Prüfung bestanden.

Du kannst Papier schneiden, kleben, reißen und falten.

Datum und Unterschrift

Der Bastel-Führerschein

Diese Bastelaufgaben habe ich gemacht:

Schneiden und kleben	
1	2
3	4
5	6
7	8
9	10
11	12
13	

© Brigg Verlag KG, Friedberg · Best.Nr. 168 (Buch), 169 (Führerscheine)

Reißen und kleben	
14	15
16	17
18	

Falten und kleben	
19	20
21	22
23	24

Du hast viele Bastelaufgaben gut gemeistert und die Prüfung bestanden.

Du kannst Papier schneiden, kleben, reißen und falten.

Datum und Unterschrift

Der Bastel-Führerschein

Diese Bastelaufgaben habe ich gemacht:

Schneiden und kleben

1 ○ 2 ○
3 ○ 4 ○
5 ○ 6 ○
7 ○ 8 ○
9 ○ 10 ○
11 ○ 12 ○
13 ○

Reißen und kleben

14 ○ 15 ○
16 ○ 17 ○
18 ○

Falten und kleben

19 ○ 20 ○
21 ○ 22 ○
23 ○ 24 ○

Du hast viele Bastelaufgaben gut gemeistert und die Prüfung bestanden.

Du kannst Papier schneiden, kleben, reißen und falten.

Datum und Unterschrift

Der Bastel-Führerschein

Diese Bastelaufgaben habe ich gemacht:

Schneiden und kleben

1 ○ 2 ○
3 ○ 4 ○
5 ○ 6 ○
7 ○ 8 ○
9 ○ 10 ○
11 ○ 12 ○
13 ○

Reißen und kleben

14 ○ 15 ○
16 ○ 17 ○
18 ○

Falten und kleben

19 ○ 20 ○
21 ○ 22 ○
23 ○ 24 ○

© Brigg Verlag KG, Friedberg · Best.Nr. 168 (Buch), 169 (Führerscheine)

Du hast viele Bastelaufgaben gut gemeistert und die Prüfung bestanden.

Du kannst Papier schneiden, kleben, reißen und falten.

Datum und Unterschrift

Der Bastel-Führerschein

Diese Bastelaufgaben habe ich gemacht:

Schneiden und kleben	
1 ☺	2 ☺
3 ☺	4 ☺
5 ☺	6 ☺
7 ☺	8 ☺
9 ☺	10 ☺
11 ☺	12 ☺
13 ☺	

Reißen und kleben	
14 ☺	15 ☺
16 ☺	17 ☺
18 ☺	

Falten und kleben	
19 ☺	20 ☺
21 ☺	22 ☺
23 ☺	24 ☺

Du hast viele Bastelaufgaben gut gemeistert und die Prüfung bestanden.

Du kannst Papier schneiden, kleben, reißen und falten.

Datum und Unterschrift

Der Bastel-Führerschein

Diese Bastelaufgaben habe ich gemacht:

Schneiden und kleben	
1 ☺	2 ☺
3 ☺	4 ☺
5 ☺	6 ☺
7 ☺	8 ☺
9 ☺	10 ☺
11 ☺	12 ☺
13 ☺	

Reißen und kleben	
14 ☺	15 ☺
16 ☺	17 ☺
18 ☺	

Falten und kleben	
19 ☺	20 ☺
21 ☺	22 ☺
23 ☺	24 ☺

© Brigg Verlag KG, Friedberg · Best.Nr. 168 (Buch), 169 (Führerscheine)

Du hast viele Bastelaufgaben gut gemeistert und die Prüfung bestanden.

Du kannst Papier schneiden, kleben, reißen und falten.

Datum und Unterschrift

Der Bastel-Führerschein

Diese Bastelaufgaben habe ich gemacht:

Schneiden und kleben

1 ◯ 2 ◯
3 ◯ 4 ◯
5 ◯ 6 ◯
7 ◯ 8 ◯
9 ◯ 10 ◯
11 ◯ 12 ◯
13 ◯

Reißen und kleben

14 ◯ 15 ◯
16 ◯ 17 ◯
18 ◯

Falten und kleben

19 ◯ 20 ◯
21 ◯ 22 ◯
23 ◯ 24 ◯

Du hast viele Bastelaufgaben gut gemeistert und die Prüfung bestanden.

Du kannst Papier schneiden, kleben, reißen und falten.

Datum und Unterschrift

Der Bastel-Führerschein

Diese Bastelaufgaben habe ich gemacht:

Schneiden und kleben

1 ◯ 2 ◯
3 ◯ 4 ◯
5 ◯ 6 ◯
7 ◯ 8 ◯
9 ◯ 10 ◯
11 ◯ 12 ◯
13 ◯

Reißen und kleben

14 ◯ 15 ◯
16 ◯ 17 ◯
18 ◯

Falten und kleben

19 ◯ 20 ◯
21 ◯ 22 ◯
23 ◯ 24 ◯

© Brigg Verlag KG, Friedberg · Best.Nr. 168 (Buch), 169 (Führerscheine)

Du hast viele Bastelaufgaben gut gemeistert und die Prüfung bestanden.

Du kannst Papier schneiden, kleben, reißen und falten.

Datum und Unterschrift

Der Bastel-Führerschein

Diese Bastelaufgaben habe ich gemacht:

Schneiden und kleben

1 ☺ 2 ☺
3 ☺ 4 ☺
5 ☺ 6 ☺
7 ☺ 8 ☺
9 ☺ 10 ☺
11 ☺ 12 ☺
13 ☺

Reißen und kleben

14 ☺ 15 ☺
16 ☺ 17 ☺
18 ☺

Falten und kleben

19 ☺ 20 ☺
21 ☺ 22 ☺
23 ☺ 24 ☺

Du hast viele Bastelaufgaben gut gemeistert und die Prüfung bestanden.

Du kannst Papier schneiden, kleben, reißen und falten.

Datum und Unterschrift

Der Bastel-Führerschein

Diese Bastelaufgaben habe ich gemacht:

Schneiden und kleben

1 ☺ 2 ☺
3 ☺ 4 ☺
5 ☺ 6 ☺
7 ☺ 8 ☺
9 ☺ 10 ☺
11 ☺ 12 ☺
13 ☺

Reißen und kleben

14 ☺ 15 ☺
16 ☺ 17 ☺
18 ☺

Falten und kleben

19 ☺ 20 ☺
21 ☺ 22 ☺
23 ☺ 24 ☺

© Brigg Verlag KG, Friedberg · Best.Nr. 168 (Buch), 169 (Führerscheine)

Du hast viele Bastelaufgaben gut gemeistert und die Prüfung bestanden.

Du kannst Papier schneiden, kleben, reißen und falten.

Datum und Unterschrift

Der Bastel-Führerschein

Diese Bastelaufgaben habe ich gemacht:

Schneiden und kleben

1 ◯ 2 ◯
3 ◯ 4 ◯
5 ◯ 6 ◯
7 ◯ 8 ◯
9 ◯ 10 ◯
11 ◯ 12 ◯
13 ◯

Reißen und kleben

14 ◯ 15 ◯
16 ◯ 17 ◯
18 ◯

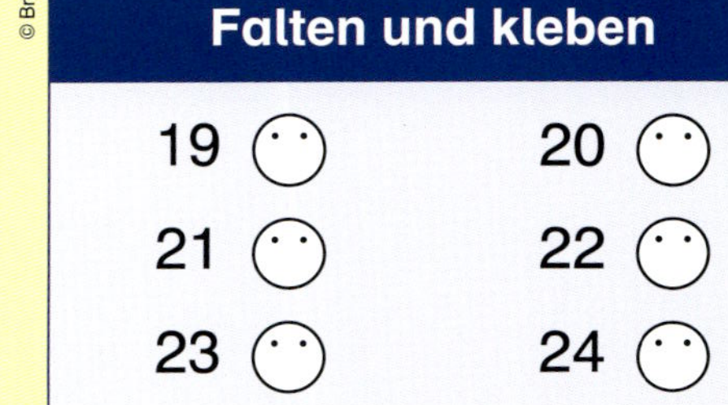

Falten und kleben

19 ◯ 20 ◯
21 ◯ 22 ◯
23 ◯ 24 ◯

Du hast viele Bastelaufgaben gut gemeistert und die Prüfung bestanden.

Du kannst Papier schneiden, kleben, reißen und falten.

Datum und Unterschrift

Der Bastel-Führerschein

Diese Bastelaufgaben habe ich gemacht:

Schneiden und kleben

1 ◯ 2 ◯
3 ◯ 4 ◯
5 ◯ 6 ◯
7 ◯ 8 ◯
9 ◯ 10 ◯
11 ◯ 12 ◯
13 ◯

© Brigg Verlag KG, Friedberg · Best.Nr. 168 (Buch), 169 (Führerscheine)

Reißen und kleben

14 ◯ 15 ◯
16 ◯ 17 ◯
18 ◯

Falten und kleben

19 ◯ 20 ◯
21 ◯ 22 ◯
23 ◯ 24 ◯

Du hast viele Bastelaufgaben gut gemeistert und die Prüfung bestanden.

Du kannst Papier schneiden, kleben, reißen und falten.

Datum und Unterschrift

Der Bastel-Führerschein

Diese Bastelaufgaben habe ich gemacht:

Schneiden und kleben

1 ◯ 2 ◯
3 ◯ 4 ◯
5 ◯ 6 ◯
7 ◯ 8 ◯
9 ◯ 10 ◯
11 ◯ 12 ◯
13 ◯

Reißen und kleben

14 ◯ 15 ◯
16 ◯ 17 ◯
18 ◯

Falten und kleben

19 ◯ 20 ◯
21 ◯ 22 ◯
23 ◯ 24 ◯

Du hast viele Bastelaufgaben gut gemeistert und die Prüfung bestanden.

Du kannst Papier schneiden, kleben, reißen und falten.

Datum und Unterschrift

Der Bastel-Führerschein

Diese Bastelaufgaben habe ich gemacht:

Schneiden und kleben

1 ◯ 2 ◯
3 ◯ 4 ◯
5 ◯ 6 ◯
7 ◯ 8 ◯
9 ◯ 10 ◯
11 ◯ 12 ◯
13 ◯

© Brigg Verlag KG, Friedberg · Best.Nr. 168 (Buch), 169 (Führerscheine)

Reißen und kleben

14 ◯ 15 ◯
16 ◯ 17 ◯
18 ◯

Falten und kleben

19 ◯ 20 ◯
21 ◯ 22 ◯
23 ◯ 24 ◯

Du hast viele Bastelaufgaben gut gemeistert und die Prüfung bestanden.

Du kannst Papier schneiden, kleben, reißen und falten.

Datum und Unterschrift

Der Bastel-Führerschein

Diese Bastelaufgaben habe ich gemacht:

Schneiden und kleben

1 ◯ 2 ◯
3 ◯ 4 ◯
5 ◯ 6 ◯
7 ◯ 8 ◯
9 ◯ 10 ◯
11 ◯ 12 ◯
13 ◯

Reißen und kleben

14 ◯ 15 ◯
16 ◯ 17 ◯
18 ◯

Falten und kleben

19 ◯ 20 ◯
21 ◯ 22 ◯
23 ◯ 24 ◯

Du hast viele Bastelaufgaben gut gemeistert und die Prüfung bestanden.

Du kannst Papier schneiden, kleben, reißen und falten.

Datum und Unterschrift

Der Bastel-Führerschein

Diese Bastelaufgaben habe ich gemacht:

Schneiden und kleben

1 ◯ 2 ◯
3 ◯ 4 ◯
5 ◯ 6 ◯
7 ◯ 8 ◯
9 ◯ 10 ◯
11 ◯ 12 ◯
13 ◯

Reißen und kleben

14 ◯ 15 ◯
16 ◯ 17 ◯
18 ◯

Falten und kleben

19 ◯ 20 ◯
21 ◯ 22 ◯
23 ◯ 24 ◯

Du hast viele Bastelaufgaben gut gemeistert und die Prüfung bestanden.

Du kannst Papier schneiden, kleben, reißen und falten.

Datum und Unterschrift

Der Bastel-Führerschein

Diese Bastelaufgaben habe ich gemacht:

Schneiden und kleben

1 ☺ 2 ☺
3 ☺ 4 ☺
5 ☺ 6 ☺
7 ☺ 8 ☺
9 ☺ 10 ☺
11 ☺ 12 ☺
13 ☺

Reißen und kleben

14 ☺ 15 ☺
16 ☺ 17 ☺
18 ☺

Falten und kleben

19 ☺ 20 ☺
21 ☺ 22 ☺
23 ☺ 24 ☺

Du hast viele Bastelaufgaben gut gemeistert und die Prüfung bestanden.

Du kannst Papier schneiden, kleben, reißen und falten.

Datum und Unterschrift

Der Bastel-Führerschein

Diese Bastelaufgaben habe ich gemacht:

Schneiden und kleben

1 ☺ 2 ☺
3 ☺ 4 ☺
5 ☺ 6 ☺
7 ☺ 8 ☺
9 ☺ 10 ☺
11 ☺ 12 ☺
13 ☺

© Brigg Verlag KG, Friedberg · Best.Nr. 168 (Buch), 169 (Führerscheine)

Reißen und kleben

14 ☺ 15 ☺
16 ☺ 17 ☺
18 ☺

Falten und kleben

19 ☺ 20 ☺
21 ☺ 22 ☺
23 ☺ 24 ☺

Du hast viele Bastelaufgaben gut gemeistert und die Prüfung bestanden.

Du kannst Papier schneiden, kleben, reißen und falten.

Datum und Unterschrift

Der Bastel-Führerschein

Diese Bastelaufgaben habe ich gemacht:

Schneiden und kleben

1 ☺ 2 ☺
3 ☺ 4 ☺
5 ☺ 6 ☺
7 ☺ 8 ☺
9 ☺ 10 ☺
11 ☺ 12 ☺
13 ☺

Reißen und kleben

14 ☺ 15 ☺
16 ☺ 17 ☺
18 ☺

Falten und kleben

19 ☺ 20 ☺
21 ☺ 22 ☺
23 ☺ 24 ☺

Du hast viele Bastelaufgaben gut gemeistert und die Prüfung bestanden.

Du kannst Papier schneiden, kleben, reißen und falten.

Datum und Unterschrift

Der Bastel-Führerschein

Diese Bastelaufgaben habe ich gemacht:

Schneiden und kleben

1 ☺ 2 ☺
3 ☺ 4 ☺
5 ☺ 6 ☺
7 ☺ 8 ☺
9 ☺ 10 ☺
11 ☺ 12 ☺
13 ☺

Reißen und kleben

14 ☺ 15 ☺
16 ☺ 17 ☺
18 ☺

Falten und kleben

19 ☺ 20 ☺
21 ☺ 22 ☺
23 ☺ 24 ☺

© Brigg Verlag KG, Friedberg · Best.Nr. 168 (Buch), 169 (Führerscheine)